論集　古代東大寺の世界

―『東大寺要録』を読み直す―

ザ・グレイトブッダ・シンポジウム論集第十四号

東大寺

表紙カバー　杉本健吉　画伯

序

平成二十七年度の「ザ・グレイトブッダ・シンポジウム」（ＧＢＳ）は、十二月十九日・二十日の両日に東大寺総合文化センターで開催致しました。テーマは「古代東大寺の世界―『東大寺要録』を読み直す―」とし、栄原永遠男東大寺史研究所長を代表とする科学研究費助成による研究組織・「東大寺要録研究会」と共催することになりました。

『東大寺要録』は一二六〇年を超える長い東大寺の歴史の根幹をなするもので、東大寺に関わる歴史学、美術史、建築史、仏教史をはじめとするさまざまな分野の史料を包含しており、これまでも各分野の研究にも数多く利用されています。

本論集は『東大寺要録』収載の個別史料を検討した研究はもちろん、全体の記述内容や構成を分析して、『東大寺要録』成立の歴史的背景にも迫った論文も掲載しています。まさしく多彩な視点から東大寺をとりまく諸問題をとらえなおすという「ＧＢＳ」の開催趣旨にふさわしい内容であり、学際的な研究の進展に寄与できるものと期待しております。

今後とも本シンポジウムに対し皆様のより一層のご支援をお願い致します。

平成二十八年十一月二十六日

東大寺別当

狹川普文

目次

序……狹川　普文

基調講演
『東大寺要録』の原構造……栄原永遠男　7

特別講話
草創期の東大寺僧に思いをはせて……森本　公誠　37

古代東大寺の楽舞と楽人……吉川　真司　59

ブックロードにおける闕本・草本・真本・好本
―『東大寺六宗未決義』その他を史料として―……王　勇　75

ネットワークとしての東大寺……ブライアン・ロゥ 87

全体討論会
古代東大寺の世界―『東大寺要録』を読み直す―…… 105
石上　英一
栄原永遠男　森本　公誠
吉川　真司　王　勇
ブライアン・ロゥ　佐藤　信

発表者一覧…… 9

英文要旨…… 3
英文要旨作成／原まや

『東大寺要録』の原構造

栄原永遠男

はじめに

『東大寺要録』（以下『要録』）は、東大寺の歴史・文化のみならず、広く古代から中世の歴史・仏教・政治・経済その他を知るうえで貴重な文献であることは言うまでもない。このため『丹鶴叢書』辛亥帙、[1]『続々群書類従』宗教部にいち早く収載された。[2]それに続き筒井英俊師による研究および校訂作業が進められ、その成果が一九四四年（昭和十九）に刊行されるや、[3]広範な学界・各界が多大の便宜を被ってきたことは言うまでもないところである。

一方、これと並行して、安藤更生・堀池春峰氏によって『要録』の伝来・性格を解明する研究がすすめられ、つぎつぎと基礎的な事実が解明された。そのためか、かえってその後『要録』の研究はさしたる進展を見せなかった。その中にあって、久野修義氏の『要録』の編纂目的・性格に関する指摘が注目される。本稿では、筒井・安藤・堀池・久野四氏の研究を踏まえ、科学研究費補助金による東大寺要録研究会[4]の成果を参考にしながら、あらためて『要録』に関する基礎的な研究を行おうとするものである。

一　研究史の整理

安藤氏以前の研究については、同氏によって整理されている。そこにあげられているのは辞典・事典や例言・凡例ばかりであり、いずれも安藤氏の批判の対象とされている。したがって、『要録』の研究は、事実上安藤氏によって始められたといって過言でない。そこで、ただちに安藤氏の研究の把握にとりかかろう。

安藤氏の研究成果は、次の四つの文章にまとめられている。[5]

A「「東大寺要録」の醍醐寺本と、その筆者に就いて」（『仏教美術』一二、一九二九年三月）

B「国宝本東大寺要録の書入に就いて」（『歴史と国文学』二六、一九三〇年七月）

C「東大寺要録」（『大百科事典』平凡社、一九三三年二月）

D「東大寺要録撰述年代の研究」（『早稲田大学大学院文学研究科紀要』七、一九六一年十二月）

これらで安藤氏が明らかにした点を整理すると、以下のようである。[6]（　）内は、A～Dの関係や意味その他を栄原が注記したものである。

A1醍醐寺本は巻一の巻尾に花押を据えている寛乗の写したものである。寛乗は、中道上人聖守その人である。

2醍醐寺本とは、寛乗が新禅院に置いていた新禅院本であるが、その後醍醐寺に移された。

3現在の東大寺本（安藤氏のいう国宝本）は、東大寺僧の順円が文明十七年（一四八五）に新禅院本を直接写し、延徳二年（一四九〇）に一校を終えたものである。

B　東大寺本巻四の巻尾の「戒壇院」以下の部分、同巻五別当章の第百二代宗性以下末尾まで、同巻九巻末の「一謹天平勝宝七年」から巻末まで、の三箇所は、後世の書入れである。巻四と巻九の書入れは同筆である。

C　巻十は古く佚われたのを別の書で補ったものであって、『要録』本来のものではない。

D1『要録』は嘉承元年（一一〇六）に撰述されたもので、それ以後に追々集成されたものではない。

2醍醐寺本はおそらく全巻を具備していたであろう。

3巻八雑事章第十之二の法華会縁起・御斎会縁起・梵網会縁起は嘉承元年の法会で読まれた縁起文であり、編者は最も新しい縁起文を採用したのである。

4巻五別当章は、嘉承元年現在の別当（第七四代勝覚）までを記録し、その次に『延喜式』の規定を抜粋して締めくくった。戒和上については、原本では嘉承元年現在の蓮春（第五三代）で打ち切ったが、第一次写本が写されるまでの間に、原本の余白に忠源（第五四代）・隆暹（第五五代）が書きこまれた。（Bの展開）

5東大寺本第二冊は『東大寺続要録』の寺領章を転入したものである。

6新禅院本は奥書の日付から、第五、三、七、八、一巻の順に写された。

7新禅院本は、第一〇一代別当定親の拝堂の用意のために、定親の命によりその弟子の寛乗が写したものである。

8第七五代別当寛助から第九七代頼恵までは、新禅院本の親本である慈恩院法印御本（以下、頼恵本）にすでに書き入れられていた可能性がある。第一〇二代宗性から最後の第一〇五代道融までは新禅院本に書かれていた。（Bの展開）

9第五六代戒和上妙行以降は何回か補入された。寛乗は、頼恵本以後、仁治二年現在の第九二代良詮までを書き入れた。

10第九冊の「東大寺授戒方軌」の第七以降は嘉承以前にすでに欠けていたので「新撰東大寺戒壇授戒方軌」が補入されたが、その時期は不明である。次の「太上法皇御受戒記」は東大寺本の筆者順円が書入れたものである。次の「東大寺始行授戒作法記」は異筆であるが、その途中の第三二枚表裏はさらに別の異筆である。これらは、東大寺本の書写以前に新禅院本の末尾に損壊が起こっていたために生じたことである。（Bの展開）

11第十巻の編者と他巻の編者とは異なる。第十冊はいつの日にか失われたために、観厳が長承三年に集成した独立の文献集を写してその欠を埋めた。それは慶長ごろにはなされていた。

（Cの展開）

以上の安藤氏の研究により、『要録』の理解は長足の進歩を遂げた。A1〜3、D1、2、4〜9は、現在に至るまで『要録』理解の基礎となっている。しかし、安藤説にも問題がないわけではなかった。

それを指摘し、新たな『要録』像を提示したのが堀池春峰氏であった。堀池氏は、「東大寺要録編纂について」（『南都仏教史の研究上　東大寺篇』法藏館、一九八〇年九月）において、次のような論を展開した。

1『要録』は、寺勢の衰退をなげき寺僧の反省自覚を求め、流記資財帳の散失を補う意図のもとに、院政期における未来への願望を込めて編輯された。編輯は、第七三代別当永観の時に計画され、次の勝覚の時に完成した。編者の「少僧」は、印蔵文書を被見できる相当地位の高い人物であった。

2日記・耆老伝の多くは長承三年の時点で追記された。

3東大寺本の巻二は、『東大寺続要録』巻九寺領編が、文明十七年の写本完成時点に充当された。（安藤D5の補充）

4巻十は、あながち別記とかたづけられない。（安藤D11に対する批判）

5当初の『要録』は十巻十章からなり、一巻一章の体裁をとっていた。しかし雑事章二・三・余の増補によって、一冊に二、三章が合装されることとなった。供養章之余・諸会章之余も追補である。

6『要録』がほぼ現行に近い巻数分類に改装されたのは、長承三年（一一三四）八月の観厳の増補が主要な要因であった。

7巻九の「東大寺授戒方軌」の第七以降は長承三年ごろには散失しており、その後「新撰東大寺戒壇授戒方軌」が挿入された。「太上法皇御受戒記」「東大寺始行授戒作法記」は長承三年の観厳の増補以降に追録された。（安藤D10の補充）

8巻八雑事章之二の法華会縁起・御斎会縁起・宇多院宣旨書は保延四年（一一三八）に増補されたことが暗示される。（安藤D3の補充）

9東大寺本で裏書が帖末に記載されているのは、寛乗が一括して巻末に書写したか、もしくは頼恵本ですでにそうなっていたかもしれない。

以上の堀池氏の研究により、『要録』に対する理解はさらに深まったが、このうち1について、久野修義氏の批判がある。(7) 同氏によると、十一世紀半ばごろから東大寺領荘園や政所機構の整備が進んでいるので、堀池氏のように東大寺が衰退していたとするのは消極的にとらえ過ぎている。『要録』は、東大寺が中世寺院として自己形成していくのにふさわしい縁起として編集されたとみるべきである、としている。

以上の諸説は次のように整理することができる。

①『要録』は、中世寺院としての東大寺にふさわしい縁起として編纂された（久野）。

②伝来、転写の過程について簡単に図示すると、次のようである（安藤A1、2、3、D1）。

嘉承元年（一一〇六）「少僧」が編纂（『原要録』）
←長承三年（一一三四）観厳が増補（観厳本）
←その後も追補
←建保二年（一二一四）釈事阿が慈恩院にて書写（事阿本）
←慈恩院法印頼恵の本（頼恵本）
←仁治二年（一二四一）寛乗（中道上人聖守）が千手院で書写
↓新禅院に伝わる（新禅院本）
←文明十七年（一四八五）順円が書写
延徳二年（一四九〇）一校了
←醍醐寺に伝来（醍醐寺本）
←東大寺に伝来（東大寺本）

以上の見取り図では、釈事阿（事阿弥陀仏）が慈恩院で写した本（事阿本）と頼恵本との関係が不明であるが、堀池氏は両者が関係あることを示唆している。

③嘉承元年に成立した当初の『要録』は全十巻十章で、一巻一章の体裁をとっていた。雑事章二・三・余、供養章之余、諸会章之余は追補である（堀池5）。

④『要録』が現行に近い形に改装されたのは、主に観厳の増補の時である。日記・耆老伝の多くもこのとき追記された。その後も巻八・九などに追補が行われた（安藤D10、堀池2、6、7、8）。

⑤寛乗（聖守）は、第一〇一代別当定親の命を受けて新禅院本を写した。これは、定親が拝堂の準備、一山の予備的知識を得るためであった（安藤D7）。

⑥東大寺本で裏書が帖末に記されているのは、寛乗がそうしたか、もしくは頼恵本ですでにそうなっていた（堀池9）。

⑦東大寺本巻二は、文明十七年に『東大寺続要録』巻九寺領編を援用して埋め合わせたものである（安藤D5、堀池3）。

⑧巻五の別当章・戒和上次第は、嘉承元年の成立以後、書き込みが繰り返された（安藤D4、8、9）。

⑨巻一〇はあながち別記とはかたづけられない（堀池4）。

安藤・堀池氏の研究ののちすでに多くの時間が経過したが、久野氏による編纂意図と性格に関する指摘（①）以外に目立った研究の進展は見られない。したがって現時点（二〇一六年）においても、安藤・堀池両氏の研究が多くの点で到達点である。今後の研究は、両氏の研究を基礎として進めなければならない。

しかし、両氏の研究は、『要録』の構造・性格を内容面にまで分け入って検討している場合があるが、それは部分的にとどまっていて、全面的に記載内容の詳細な検討を行ったとは言いがたい。今後は、『要録』全体について個々の記載の検討を十分に進め、両氏の説を検証していく必要がある。

以上の先行研究の成果のうち、注目すべきは③④⑥⑦⑧などの『原要録』成立以後の変容に関する指摘である。とりわけ③④が重要で、一巻一章のシンプルで美しい原型が、雑事章之二・三・余、供養章之余、諸会章之余などの追補によって崩れ、当初の各章（以下、原章）にも追補や裏書が加えられていった、とされている。

この観点は基本的に正鵠を射ていると考えるが、これによって、私は、現在の『要録』は、遺跡にたとえることができると考える。嘉承元年（一一〇六）に最初に編纂された『要録』（以下『原要録』）の上に、時間の経過とともに史料の堆積が進み、層状の構造をなしているというイメージである。したがって、『要録』に収録されているある史料を用いる場合、なによりもそれが『要録』のどの層に属する史料であるのかを見極めることが重要である。どの層に位置づけられている史料であるかによって、おのずからその史料の性格、情報の読み取り方、使用の仕方が異なってくるはずであるからである。

『要録』には、他に見られない独自の史料や、すでに散逸した文献の逸文を多く含むことから、その部分のみを個別的に抜き出して研究することが多く行われてきた。そのこと自体はあながち無視できないが、その史料の属する層位を見極め、それ以後に堆積した層に属する史料は取り払い、それ以前の層との区別に注意する必要がある。後の堆積層に属する史料と、それ以前の層の史料とを、時代性を顧慮することなく同等に扱うことは、これまであまり意識されることなく漫然と行われてきたように思うが、史料の考古学的観点から、そのようなことはもはや許されない。

現在の『要録』が、どのような史料によって構成されているかは、すでに堀池氏によって調査・整理されている。しかし、それには漏れも多い。本稿の趣旨に従って整理したものが表1である。先の指摘③④によれば、このうち雑事章之二、三、供養章之余・諸会章之余・雑事章之余の欄に見える引用文献は、すべて『原要録』にはなく、その後に追補されたものである。また、原章の引用文献中の日記・耆老伝の多くも観厳による長承三年の追補とみられている（堀池2）。これによると、嘉承元年に成立した『原要録』は、表1に見えるこれらの多くの引用史料を取り去ったものであるはずである。

また、『原要録』にその後追補されていった諸史料のどれとどれが同じ層位に属する史料なのかをおさえることによって、各層の形成にかかわった人たちが、それぞれ東大寺をどのように見て、どのように描こうとしていたかを探ることができ、その変遷も見通すことができるはずである。

そのためには、まず『原要録』の部分と追補部分とを弁別することがぜひとも必要である。そのうえで、『原要録』の部分において、東大寺がどのように描かれていたのかを問題としたい。次に、追補部分の層別構成を明らかにすることによって、それぞれの層で東大寺の描かれ方がどのように変化していったのかを明らかにすることができるはずである。

二　「原本願章」の構造

『原要録』がどのようなものであったか、という点については、すでに堀池氏が表2で示している。堀池氏によると、『原要録』は一巻一章（原章）で構成されていた。供養章之余、諸会章之余、雑事章之余、雑事章之二、同三は追補されたものであり、裏書も追補であるという（堀池5）。この堀池氏の見通しは妥当であるが、必ずしも『要録』の記載内容の詳細な検討にもとづいて導き出されたものではない。以下では、個々の条文ごとに検討を進めることとする。

諸院章	諸会章	諸宗章	別当章	封戸水田章
桜会縁起	延喜式	東大寺華厳別供縁起	表信書入	御筆勅書
永観二年分付帳	別式	六宗未決	裏書	銅銘、金銅銘
前帳	延喜式	六宗未決	或日記	或書
湛照僧都分付帳	法花会縁起	私云	裏書	類聚三代格
前々帳	恵運僧都記録	貞観格	裏書	注文
大和尚伝	延喜式	貞観格	裏書	長徳四年注文
東征伝	延喜式		旧記	或日記
僧録	貞観格文		延喜式	私勘
日本感霊録	延喜式			雑格中巻
今耆説	縁起			雑格仏法僧中巻
口伝	今云			湛照僧都分付帳
供養願文	（梵網会）縁起文			古日記
心経秘鍵奥書	或日記			
貞観格文	裏云　村上御日記三帙			
弘法大師遺告	※忍辱山寛遍僧正記文			
古老伝				
（天地院）縁起文				
古老相伝				
或日記				
天地院師資次第				
古日記				
流記				
或記				
綱牒				
伽藍縁起				
実録				

雑事章之三	供養章之余	諸会章之余	雑事章之余
東大寺授戒方軌	（文徳実録）	寛平年中日記	続日本紀
○新撰東大寺戒壇授戒方軌	真如親王伝	延喜式	続日本後紀
※○太上法皇御受戒記（円融院）	三代実録	越前国々富庄券	日本後紀
※○東大寺始行授戒作法記	供養東大寺盧舎那大仏記		日本三代実録
（※○東大寺律宗寛法伝書）	恵運僧都記録文		（文徳実録）
	御頭供養日記		続日本紀
	表云		新記二十巻

表1　『要録』が引用している諸資料

本願章	縁起章	供養章
（続日本紀）	大仏殿碑文	供養舎那仏歌辞
竜蓋寺記	或日記	或云
類聚国史	銅銘文	耆旧伝
（伊勢）大神宮祢宜延平日記	縁起文	今案
或日記	造寺材木知識記	古老云
延暦僧録文（勝宝感神聖武皇帝菩薩伝）	東大居士伝	元興寺小塔院師資相承記
表書	霊異記中巻	大安寺菩提伝来記
恵運僧都記録文	私云	日本往生伝
裏書	古老伝	東大寺大会時元興寺献歌二首
廉記	古人談	
延暦僧録文（仁政皇后菩薩）	御寺絵図	
根本僧正	延暦僧録	
耆老相伝	聖徳伝	
相伝	私云	
法花会縁起	霊異記上巻	
表書	耆旧	
	天地院縁起	
	古老相伝	
	霊異記	
	寺僧相伝	
	口伝	
	或日記	
	裏書	

末寺章	雑事章	雑事章之二
注云	所司等陳	大仏殿東曼荼羅左右縁銘文
又云	勅封蔵追施入帳	大仏殿西曼荼羅左右縁銘文
又云	雑格中巻	大仏殿庭銅大燈下柱銘文
古日記	或日記	勅封倉鴨毛屏風銘文
藤氏家伝	東大寺本願聖朝施薬御願文	東大寺桜会縁起
端裏書（第六巻）	私云	○法華会縁起
	雑格仏法僧中巻	安居縁起
	雑格中巻	○御斎会縁起
	東大寺権別当実忠二十九个条事	梵網会縁起
	別当次第	延暦僧録文（政事居士伝）
	延喜格	東大寺長官居士伝
	日記文	性霊集
	延暦僧録	正法院供養願文
	東塔流星内日記	雑格仏法僧巻中
		雑格課役巻中文
		○宇多院宣旨書
		裏云
		歴録

・『要録』に示される文献名をそのまま表示した。また、『要録』に示される順序通りに列挙している。注記すべきことは適宜（　）内に記した。
・同じ文献が複数回引用される場合もくりかえし表示した。
・後代の書き込みであることが明らかな場合でも表示した。
・※を付したものは安藤氏が追補・後世の書入れとするもの、○は堀池氏が保延４年、長承３年以降の追録とするものである。
・既知の文献からの引用であることが明らかであるが、『要録』がその文献名を記していない場合は表示していない。例えば五月一日経願文などである。ただし、続日本紀・東大寺律宗寛法伝書・文徳実録は（　）で記した。
・引用の終わりの箇所を示すために「云々」「已上」「文」などが記されるが、これがあるにもかかわらず引用文献名を記さない場合がある。その場合は表示していない。
・太政官符等の引用は記していない。

表2　『東大寺要録』収録章の対比

東大寺要録巻数	収録章対比表	
	嘉承元年要録（『原要録』）	現行要録『要録』
巻１	本願章１	本願章１
巻２	縁起章２	縁起章２、供養章３
巻３	供養章３	供養章之余
巻４	諸院章４付神社	諸院章４、諸会章５
巻５	諸会章５付相折	諸会章之余、諸宗事（諸宗章第６）、別当章７付和上
巻６	諸宗章６	封戸水田章第８、末寺章第９
巻７	別当章７付和上	雑事章第10
巻８	封庄章８	雑事章第10之二
巻９	末寺章９	雑事章第10之三
巻10	雑事章10	雑事章之余

現在の『要録』から、嘉承元年成立以後の時期の堆積をすべて取り去ったものが『原要録』であるはずである。その作業を施すことによって『原要録』というものを確定し、その『原要録』全体を検討の対象とする必要がある。しかし、それには膨大な調査と研究が必要で、私の能力を超える。そこで、以下の検討の対象を「本願章」に絞り、そこから「原本願章」（現在の本願章ではなく、嘉承元年に成立した当初の本願章）を抽出したい。

「原本願章」は、東大寺の本願聖武天皇の事績や東大寺との関係を中心とする章で、『原要録』の要に位置する。序文とともに『原要録』全体を規定すると考えられるので、分析する意味は十分にあると考える。

さて、「原本願章」とはどういうものであったか。それを探り出すために、まず現在の「本願章」の構造を把握しておく必要がある。そのために、史料名もしくはそれに準ずるものによって骨組みを示すと次のごとくである。

ⓐ聖武天皇伝
ⓑ或日記
ⓒ后・皇子
ⓓ延暦僧録文（勝宝感神聖武皇帝菩薩伝）
ⓔ孝謙天皇伝
ⓕ表書[8]
ⓖ恵運僧都記録文
ⓗ裏書
ⓘ廉記
ⓙ延暦僧録文（仁政皇后菩薩）
ⓚ根本僧正
ⓛ耆老相伝
ⓜ又相伝
ⓝ法花会縁起
ⓞ表書

ⓐは「聖武天皇伝」と仮称する部分である。東大寺が聖武天皇を本願とすることから始まり、崩御や諡号まで記している。その末尾に付されているⓑ「或日記」は追補と見なければならない。

次にⓒ「后・皇子」では、「后」として太皇太宮藤原宮子・皇后藤原光明子・夫人贈正二位石河大蕤賓・県犬養広刀自・藤原氏・藤原氏の六人をあげ、「皇子」として皇太子・阿倍内親王・皇子安積親王・皇女井上斎内親王・不破内親王の五人を列挙している。それぞれについて血縁関係、没年月日、陵墓などの各人の基本データを細字双行で記している。

以上のうち、光明子・県犬養広刀自・藤原氏・藤原氏の四人は聖武天皇のキサキであるが、太皇太宮藤原宮子は文武天皇の夫人であり、贈正二位石河大蕤賓は天武天皇の夫人である。この二人があげられているので、標題の「后」は聖武天皇のキサキという意味ではない。天武天皇・文武天皇のキサキたちの没年はわからない場合が多いが、石河大蕤賓が神亀元年（七二四）七月に没していることからすると、聖武天皇の在位中[9]に生存していた天武天皇・文武天皇・聖武天皇の三天皇のキサキをあげているとみられる。「皇子」は聖武天皇の子たちとして問題ない。

ⓓは冒頭に「延暦僧録文」とあり、末尾に「已上僧録文」とあるので、引用範囲は明確である。「勝宝感神聖武皇帝菩薩伝」の引用である[10]。

ⓔについては、この部分の性格について明確に認識しておくことは、「原本願章」の性格を知る重要な手がかりとなる。その点で注意すべきは、冒頭に「孝謙天皇　諱阿倍　高野姫天皇」とあることである。時期的には称徳天皇の時までを対象としているが、内容的には称徳天皇については、重祚したこと、西宮に崩じたこと、陵に関することのみしか記していない。また、天平宝字二年八月一日に淳仁天皇に譲位したことは記すが、その後も孝謙太上天皇の事績を記すことに終始する。

つまりⓔには孝謙天皇・太上天皇の時期の事績しか記していないのである。したがって、この部分は「孝謙・称徳天皇伝」ではなく、まさに「孝謙天皇伝」なのである。このことは、『原要録』にあっては、孝謙天皇と称徳天皇とをはっきりと区別し、前者のみを東大寺本願を継ぐものとして位置づけていることを意味する。この点は、後述する道鏡の扱いとも連動する。また、淳仁天皇については無視している。

以上に続けてⓕ「表書云」がある。この部分は、「原本願章」が現在の「本願章」に変化していく過程を考えるうえできわめて重要である。

表書云

東大寺慶修和上、戒壇建立之後、及七十年、弘仁十二年壬寅天台伝教大師、可立戒壇之由、奏聞公家、而和上慶修触七大寺、奏公家、件事留了、六月四日伝教入滅、五十六、其間、慶修律師入滅之後、天台座主義真有本意、重奏公家、并戒始行、

まず、この「表書」が、もとどこに書かれていたのかを考えたい。『原要録』は、醍醐寺本の形状から見て、巻子であったと想定されるが、「表書」とあるので、もとの巻子の表側の余白に書き込まれていたものであろう。内容は、別当章の「戒和上次第」第七代に見える東大寺の慶修が、最澄が戒壇設立を奏上したのに対して、七大寺とともに奏上した結果、その件は留められた。しかし慶修律師没後、義真の奏上により菩薩戒の授戒がはじめられた、というもので、戒壇の設立が中心的なテーマである。

そこで、ⓕ以前の部分で「戒壇」について記す箇所を探すと、次の三か所である。

1　ⓒ藤原宮子の項に、彼女の「国忌於戒壇院修之」とある。

2　ⓔ勝宝六年五月一日条に「被下戒壇院建立宣旨」とある。

3　ⓔ勝宝七年九月条「戒壇院造了」とある。

このうち2の前に接して、聖武太上天皇・光明皇太后・皇太子が鑑真から菩薩戒を受け、鑑真は少僧都に任じられ、沙弥四四〇余人にも戒を授けたという記事がある。また2と3は、間に一条のみを挟んで近接しており、その一条も盧舎那仏前で授戒を行ったというもので、戒壇と関係が深い。さらに3のうしろに接して、初めて授戒を行い、鑑真を大僧都に任じたことが見える。すなわちこの辺りには連続して戒壇・戒壇院・受授戒に関する条が続いているのである。したがって、「表書」は「原本願章」の成立後、これらの条付近の余白に書き込まれたとみるのが妥当であろう[11]。

そこで重要なのは、この「表書」を現在のⓕの位置に書いたのは誰か、またそれは何時かを明らかにすることである。この点については、堀池氏の指摘9が注意される。堀池氏は、裏書は(イ)寛乗が一括して巻末に書写したか、または(ロ)頼恵本ですでにそうなっていたかもしれない、とした。堀池氏は、どの裏書かを具体的に指摘することなく一般的に述べているが、問題のⓕも考慮に入っているであろう。また、このⓕは筒井校訂本では「裏書」となっているが、写真によって検するに「表書」であることは上に指摘した。その場合であっても、堀池氏の考えは適用できる。

まず、堀池氏の(イ)の推定であるが、仁治二年（一二四一）に寛乗が「表書」を巻末に移動させてⓕとして写したとすると、それに続くⓖ〜ⓝについては、二つの場合が想定できる。第一の想定は、頼恵本にはⓖ〜ⓝはなく、寛乗がⓕを写すとともにⓖ〜ⓝも追補したとすること、第二の想定は、寛乗が見た頼恵本ですでにこの位置にあり、寛乗はⓐ〜ⓔとⓖ〜ⓝの間にⓕを挟みながら全体を写したとすることである。

このうち第一の想定について、寛乗の書写が極めて急いで行われたものであることは、安藤・堀池氏の指摘通りである。その彼に、ⓖ恵運僧都記録文、ⓙ延暦僧録文（仁政皇后菩薩）、ⓝ法花会縁起などの文献を集め、他の箇所に収録されているこれらの文献の引用と重複しないように配慮しながら引用する[12]ような余裕があったとは思えない。そこでこの想定は成立が難しいと判断する。

次に第二の想定は、頼恵本には「表書」の書き込みがあり、ⓖ〜ⓝはすでにⓔの次にあったとみる。それを寛乗が急いで写したわけであるから、ⓐからはじめてⓔまで写してきて、次に頼恵本を「表書」の箇所まで巻き戻して、それを見ながらⓔの次にそれをⓕとして写し、その上で頼恵本をⓔの末尾までもどしてⓖ〜ⓝを写したことになる。そのようなことが絶対行われなかったということはできないが、そうまでして「表書」をⓕの箇所に写さねばならなかった理由がはっきりせず、かなり不自然であろう。そうすると、第一の想定も成立が難しいと判断せざるを得ない。

これらによれば、堀池氏の推定(イ)の可能性は低いと考えられる。そうすると、寛乗が行ったことは、堀池氏の(ロ)、すなわちすでに頼恵本でⓔとⓖの間にⓕがある状態であったのをそのまま写したということになるであろう。

頼恵本が、事阿弥陀仏が建保二年に慈恩院で写した本（事阿本）

そのものである可能性はすでに指摘されているから、問題は、観厳本の段階でⓐ～ⓔ、ⓕ、ⓖ～ⓝの順になっていたものを事阿本ではそのまま写したか、それとも観厳本では「表書」は元の位置にあるままであり、ⓐ～ⓔの次にⓖ～ⓝがあったのを、事阿本の書写の時に「表書」をⓕの位置に移して写したかのいずれかになる。

そのいずれかを決めることは難しいが、いずれであれ現在のⓐ～ⓔ、ⓕ、ⓖ～ⓝの順序は『原要録』のものではなく、それ以後の変化の中で形成されたことは動かない。当初の「表書」は、観厳以前に『原要録』に書き込まれたものであり、原本に増補を加えたのは、堀池氏が指摘するように、観厳と考えられるから、ⓖ～ⓝを加えたのも観厳であろう。

以上、迂遠な論証に終始してしまったが、ⓕが現在のようにⓔ「孝謙天皇伝」の次の位置にあるのは、以下のような事情であったと想定できる。まず「原本願章」成立後、上記2・3あたりの余白に「表書」が書き込まれた。次に、観厳が書写した際にⓖ～ⓝを増補した。「表書」をⓕの位置に移して写したのは、観厳か事阿のいずれかであろう。

この想定が妥当であるとすると、「原本願章」はⓐⓒⓓⓔのみであったのであり、ⓑとⓕ～ⓞはすべて観厳もしくはそれ以後の追補とみられるのである。

追補の中にⓙ「延暦僧録文（仁政皇后菩薩）」が見られることについて一言しておきたい。上述のように、ⓐは東大寺本願としての聖武天皇の伝、ⓔは本願の後継者としての孝謙天皇の伝として納められていた。またⓒ「后・皇子」は聖武天皇在位中に生存していた天武・文武・聖武天皇のキサキを列挙し、聖武天皇の皇子・皇女を列挙していた。この点から、ⓓ「延暦僧録文（勝宝感神聖武皇帝菩薩伝）」が「原本願章」に引用されるのは納得される。これに対して光明皇后は、あくまでも本願聖武天皇の皇后なのであり、後述のように、東大寺との直接的なかかわりは、「原本願章」ではあまり強くは意識されていない。この点から、「原本願章」にⓙが引用されていないことを理解しなければならない。

三　「原本願章」の構成要素

(一)　諸資料からの引用

つぎに、「原本願章」と目されるⓐⓒⓓⓔについてみると、ⓒⓓを引用したことは重要であり、その意味は別に考えなければならないが、ⓒⓓそれ自体からは「原本願章」全体の編纂意図をうかがうことは難しい。そこで、以下の考察の対象をさらにⓐとⓔの部分に絞りたい。

結論を先に示すと、ⓐ「聖武天皇伝」、ⓔ「孝謙天皇伝」の部分は、次のような構成要素からなると把握することができる。

Ⅰ「年代記的部分」
- ①『続日本紀』
- ②天皇家記録
- ③東大寺を中心とする仏教年代記

Ⅱ「諸資料からの引用」
- ④龍蓋寺記
- ⑤類聚国史
- ⑥伊勢大神宮祢宜延平日記（二カ所）
- ⑦聖武天皇発願一切経の願文

〔⑧五月一日経の願文

Ⅰ「年代記的部分」とは、〇年〇月〇日のように、時間を追って記録されている部分であり、ⓐⓔ全体の基軸をなす部分である。後述するように①②③に分けることができる。これに対してⅡ「諸資料からの引用」とは、④〜⑧の諸史料をⅠ「年代記的部分」の適当な日付のところに挿入したものである。これは、④「龍蓋寺記」、⑤「類聚国史」、⑥「(伊勢)大神宮祢宜延平日記」のように史料名を明記する場合と、⑦⑧のように明記しないものにわかれる。このうち④〜⑥の引用挿入の個所ならびに範囲は明確であるので、説明の必要はなかろう。⑦⑧についても同様であるが、一応確認しておく。

⑦聖武天皇発願一切経の願文の引用は、

六年甲戌、勅治部卿従四位上門部王、令写一切経、詔曰、「朕以万機之仮、披覧典籍、全身延命、安民存業者、経史之中、釈教最上、由是、仰憑三宝、帰依一乗、敬写一切経、巻軸已訖、読之者、以至誠心、上為国家、下及生類、乞索百年、祈禱万福、聞之者、無量劫間、不堕悪趣、遠離此網、倶登彼岸」

の「　」の部分である、その前の「六年甲戌、勅治部卿従四位上門部王、令写一切経、詔曰」は、元の願文の末尾の、

天平六年歳在甲戌始写

写経司治部卿従四位上門部王

に基づいて作文されたとみてよい。次に⑧五月一日経の願文からの引用部分は、

十二年庚辰五月一日、「皇后藤原光明子、奉為尊考贈正一位太政大臣府君、尊妣従一位橘氏大夫人、敬写一切経論及律、荘厳既了、伏願憑斯勝因、奉資冥助、永庇菩提之樹、長遊般若之津、又願上奉　聖朝、恒延福寿、下及寮采、共盡忠節、又光明子自発言云、弘済沈淪、勤除煩障、妙窮諸法、早契井、乃至伝燈無窮、流布天下、聞名持巻、獲福消災、一切迷方、会帰覚路」

の「　」の部分である。日付は、願文の

天平十二年五月一日記

によるものである。

㈡『続日本紀』からの引用

以上のように、Ⅱの④〜⑧は引用・挿入の関係および範囲が明確である。そこでこれらをⓐⓔから取り除くと、Ⅰ「年代記的部分」の①②③が残る。この部分の中心が『続日本紀』からの引用であることは容易に判断できる。

そこで次に、ⓐⓔと『続日本紀』との関係を検討したい。『続日本紀』の形式上の特色は、年と月を序数、日を干支で示すことである。そこでⓐⓔのうち、日を数字でなく干支で表す場合に注目してこれを選び出すと、そのうち文字の一致から、①『続日本紀』からの引用部分をかなりの程度まで特定することができる。

しかし、『続日本紀』をそのまま引用する場合ばかりではなく、次の例のように、部分的に省略することがある。b『続日本紀』の傍線を引いた箇所がa『要録』に引用するにあたって省略された部分である(a、bの記号については以下同じ)。

a(霊亀元年)八月庚辰、天皇禅位于氷高内親王、詔曰、以此神器、欲譲皇太子、而年歯幼稚、未離深宮、庶務多端、一日万機、一品氷高内親王、早叶祥符、夙彰徳音、今伝皇帝位於内親王、

公卿百寮、宜悉祇奉、以称朕意矣、

b庚辰、天皇禅位于氷高内親王、詔曰、乾道統天、文明於是馭暦、大宝曰位、震極所以居尊、昔者、揖讓之君、旁求歴試、干戈之主、継体承基、貽厥後昆、克隆鼎祚、朕君臨天下、撫育黎元、蒙上天之保休、頼祖宗之遺慶、海内晏静、区夏安寧、然而兢々之志、夙夜不怠、翼々之情、日慎一日、憂労庶政、九載于茲、今精華漸衰、耄期斯倦、深求閑逸、高踏風雲、釋累遺塵、将同脱屣、因以此神器、欲譲皇太子、而年歯幼稚、未離深宮、庶務多端、一日万機、一品氷高内親王、早叶祥符、夙彰徳音、天縦寛仁、沈静婉孌、華夏載佇、謳訟知帰、今伝皇帝位於内親王、公卿百寮、宜悉祇奉、以称朕意焉、

また、次のような場合がある。

a（天平九年八月）丁卯、以玄昉律師為僧正、

b丁卯、以玄昉律師為僧正、良敏法師為大僧都、

この例では、日を干支で表している点、本文が同じである点から、『続日本紀』からの引用の可能性が高いが、その際に良敏に関する部分を削除している。

つぎに、以下の例では、『続日本紀』からの引用ではないと判断した。

a（神亀）六年己巳秋七月、左京職献負図亀、其背有文云、天皇貴平知百年、仍改元天平、

b（天平元年　月）己卯、左京職献亀、長五寸三分、闊四寸五分、其背有文云、天王貴平知百年、

この場合、『要録』は日を記さないので、『続日本紀』から引用したかどうかの目安の一つがない。しかし、（神亀）六年としており『続日本紀』の天平元年とは異なること、月が『続日本紀』の六月と違って七月となっていること、本文もかなり異なっていることから見て、『続日本紀』からの引用とは考えにくい。日を欠くテキストからの引用である。次に、

a（神亀）二年乙丑正月、請僧六百人於宮中、読誦大般若経、為除災異故也、

b（閏正月）壬寅、請僧六百人於宮中、読誦大般若経、為除災異也、

この例も日の干支が欠けている。a『要録』は正月とするが、b『続日本紀』では閏正月であり、「為除災異故也」の「故」が『続日本紀』にはないなどの違いがあるので、これも『続日本紀』からの引用ではないであろう。

以上の二例は、いずれも日の記載を欠く場合であった。このような場合は他にもみられるが、本文等の対比により、『続日本紀』からの引用だが日を落としたか又は落ちたか、あるいは他のテキストからの引用か、判断することができる。また、

a（天平五年）七月十五日、始令大膳備盂蘭盆供養、

b庚午、始令大膳備盂蘭盆供養、

では、本文は両者同じであるが、b『続日本紀』では日は庚午で六日でありa『要録』の一五日と異なっている。またaは日を干支ではなく序数で表しておりbと異なる。この点からすれば、本文は同じであっても、『続日本紀』以外のテキストから引用したと判断するのがよいであろう。さらに、

a又縁兵革事、乃発弘願、令造三重小塔一百万基、高各四寸五分、径三寸五分、露盤之下、各置根本・慈心・相輪・六度等陀羅

尼、是功畢、分置十大寺、賜供事官人已下仕丁已上一百五十七人爵各有差、

b（宝亀元年四月）戊午、初天皇、八年乱平、乃発弘願、令造三重小塔一百万基、高各四寸五分、基径三寸五分、露盤之下、各置根本・慈心・相輪・六度等陀羅尼、至是功畢、分置諸寺、賜供事官人已下仕丁已上一百五十七人爵各有差、

の場合では、傍線の部分が相互に異なっているが、「発弘願」「供事官人已下仕丁已上一百五十七人」のように『続日本紀』からの引用とみた方が自然に思える表現もある。両者のもとになる史料があって、それを両者が別個に引用した可能性も、論理的には考えねばならないが、『続日本紀』の原史料が十二世紀の初めごろまで東大寺に伝来した可能性はほとんどないのではないか。一致しない部分があることを重視して、『続日本紀』からの引用ではないとしておきたい。

以上のように、『続日本紀』からの引用としてよいか判断が微妙である場合がないではないが、それ以外の多くの場合は、『続日本紀』からの引用であることがかなり明瞭である。

次に、『続日本紀』からの引用と関連するパターンを指摘しておきたい。

・（神亀三年七月）甲午、度僧十五人、尼七人、又勅所司、縁太上天皇寝膳不安、敬造薬師佛像、挾侍井、并四天王像、興福寺立東金堂、奉供養矣、

・（同）八月癸丑、奉為太上天皇、造写釈迦像并法花経訖、於薬師寺設斎会焉、今年行基井、造山崎橋、

・十三年辛巳三月乙巳、詔曰、朕以薄徳、恭承重任、（中略）国司等、宣恒加検校、今斯之寺、是其一也、独峙城東故、曰東大寺、

これらでは、『続日本紀』からの引用に続けて、傍線部分の「原本願章」の独自記事が書かれている。このような『続日本紀』からの引用プラス独自記事という場合はほかにもある。『続日本紀』の内容と関連する独自記事を、その末尾に付加するというパターンがあるとみられる。

次にⓐⓔ全体を見わたすと、『続日本紀』からの引用は天平十八年までに多く、天平十九年以降は独自記事が増えるという傾向があることがわかる。この変化はⓐの途中で起きているので、ⓐとⓔで『続日本紀』引用の方針が違っているということではない。また、『続日本紀』においてⓐⓔに載せるべき記事が天平十九年以降減少するということもない。

このようなことが起きるのは、「原本願章」のⓐⓔ部分の作成の仕方と関係するのではないか。天平十八年以前においては、『続日本紀』から「原本願章」の編集方針に合致する記事を選び出して配置し、それと「原本願章」編者が集めた独自史料とを比較し、重なるものは『続日本紀』記事を優先し、重ならない独自史料をその間にはめ込んでいく作業を行ったと考えられる。場合によっては、『続日本紀』の引用の末尾に独自記事を付加することも行われた。ところが天平十九年以降ではその関係が逆転し、独自史料の中から掲載記事を選び出し、その間に『続日本紀』の記事を挟み込んでいったように見受けられる。その傾向はⓔにおいて顕著にみられる[13]。

㈢「天皇家記録」からの引用

ところが、日を干支で示すにもかかわらず、『続日本紀』からの

引用ではない場合がある。次の九例である。それぞれ対応する『続日本紀』の記事もあわせてあげておく。

(イ)a神亀元年二月甲午、元正天皇禅位于皇太子、是日、皇太子、受禅即位、時年廿四也、凡治天下廿五年、

b二月甲午、天皇禅位於皇太子、(元正天皇紀)

b二月甲午、受禅、即位於大極殿、(聖武天皇紀)

(ロ)a(天平八年七月)庚午、南天竺婆羅門僧菩提・瞻波国林邑北天竺仏哲等来朝、

(『続日本紀』に対応する記事なし)

(ハ)a(天平二一年)七月二日甲午、禅位、年四十九、

b秋七月甲午、皇太子受禅、即位於大極殿、

(ニ)a天平十年正月壬午、為皇太子、時年廿一也、(即位前紀に相当する部分)

b壬午、立阿倍内親王為皇太子、(聖武天皇紀)

(ホ)a(天平)廿年戊子、飯高太上天皇崩於寝殿、春秋六十有九、

b夏四月庚申、太上天皇崩、年六十九、

(ヘ)a天平勝宝元年己丑七月二日甲午、受禅即位、年卅二、

b秋七月甲午、皇太子受禅、即位於大極殿、

(ト)a(天平宝字)二年戊戌八月一日庚子、禅位、年四十一、

b天平宝字二年八月庚子朔、高野天皇禅位於皇太子、

(チ)a(宝字四年)六月七日乙丑、天平仁政皇后崩、

b六月乙丑、天平応真仁正皇太后崩、

(リ)a宝亀元年庚戌八月四日辛巳、崩西宮、年五十三、陵高野、在大和国添下郡、兆域、東西五町、南北三町、守戸五烟矣、

b癸巳、天皇崩于西宮寝殿、春秋五十三、

これらについて『続日本紀』の文と比較すると、かなり異なっており、日を干支で表すにもかかわらず、明らかに『続日本紀』からの引用ではない。

このうち(ホ)の戊子は天平二十年の干支であり、日の干支ではない。月日が省略されたとみられることや内容的な類似から同類とみられるのであげておく。また(ロ)は内容的に他と大きく異なるが、どのような史料からの引用か、今のところ成案はない。

よく見ると、(ハ)(ヘ)(ト)(チ)(リ)は、「二日甲午」のように、日について干支だけでなく序数でも挙げている。この点も、これらが『続日本紀』とは別の史料からの引用であることを示している。[14]

次に内容的にみると、これら(ロ以外)には共通点があることに気づく。すなわち天皇・皇后・皇太子の譲位・即位・立太子・死去を記すことと、その時の年齢を記す(チ以外)ことである。このことは、これらのもとになった史料が、天皇家のメンバーの地位の変化を記録したものであったことをうかがわせる。これを②「天皇家記録」と仮称しておく。

先にⓐⓔからⅡ「諸資料からの引用」の④~⑧を判別し、さらにⅠ「年代記的部分」の①『続日本紀』や②「天皇家記録」からの引用部分を判別したが、それ以外の部分を③「東大寺を中心とする仏教史料群」と仮称しておきたい。これはどのような要素によって構成されているのであろうか。この点については、節を改めて論じることとしよう。

四　「東大寺を中心とする仏教史料群」の分析

(一)　東大寺に関する記事

Ⅰ「年代記的部分」の③「東大寺を中心とする仏教史料群」について、まず注意されるのが、東大寺に関する記事である。ここでは、記事中に東大寺やその堂舎、大仏やその脇侍など、東大寺で行われる諸法会などが直接記されている場合を対象とする。それを表3に整理した。これには『続日本紀』から引用したものも併せて表示している。

東大寺という寺名の初見は、天平十九年十二月十五日「東大寺写経所解」である。[15] それ以前の(1)(4)(5)に「東大寺」と見えるが、いずれも後代の呼称が遡及して記載されたものである。

天平十九年の初見前において、現東大寺境内には金鍾寺・福寿寺・大養徳国金光明寺があり、少なくとも羂索堂・阿弥陀堂・千手堂などが存在していた。[16] しかし、そのうち「原本願章」に見えるのは羂索院(2)(11)・金鍾（山）寺(2)(3)(9)(12)・大養徳国金光明寺(6)だけである。

　五年癸酉、公家為良弁、創立羂索院、号古金鐘寺是也、(2)

とあるのを見ると、「原本願章」成立時には、羂索院はいにしえ金鍾寺と称していたもの、少なくともそれを引き継ぐものであるという認識があったといえる。

「原本願章」は、東大寺成立以前については、金鍾寺・羂索院が中心であったことを主張していると解せられる。そこでは華厳経が講義され(3)、知識華厳別供が建てられ(8)、法花会が始められたこと(11)を記録している。また『続日本紀』には金鍾寺に関する史料が二箇所あるが、その両方とも(9)(12)として引用されている。

次に、大仏に対する関心も強い。その鋳造(13)(14)(15)、螺髪の制作(22)、鍍金(23)、開眼会(23)、脇侍の制作(18)、四天王像の制作(33)について記され、大仏殿についてはその建造(13)(21)、また鉄の大釜の鋳造(25)も記録されている。

一方で、八幡神を鎮守としたこと(15)、その祢宜の参拝(19)と並んで伊勢大神との関係も記されている(5)(14)。

大仏殿で行われた法会についても記されている。聖武天皇の国忌(16)、盧舎那仏前における聖武太上天皇の受戒(27)や授戒(29)、盧舎那仏に対する聖武太上天皇の十八種持物の奉献(31)、国家の珍宝の奉献(32)などである。これと関連して、鑑真の東大寺への安置(26)、戒壇院の造営(28)(30)も記されている。

これらによると、東大寺の前身は金鍾寺・羂索院が中心で、華厳経の講義、法会が行われていたが、東大寺成立後は大仏・大仏殿を中心として描かれ、盧舎那仏前や戒壇院で受授戒が行われ、本願聖武天皇が盧舎那仏に帰依したこと、伊勢大神や八幡神も盧舎那仏・東大寺を援護したことなどが記されているといえる。

(二)　聖武天皇に関する記事

次に、東大寺に関する記事と関連して、本願聖武（太上）天皇に関する記事があるのは当然であろう。それを表4にまとめた。

これらの多くはⓐ「聖武天皇伝」に属するが、(17)以下がⓔ「孝謙天皇伝」の記事である。このうち(1)は、即位前紀に相当するような

表３　東大寺に関する記事

		年		月	日	事　　項	他表との重複
(１)	○	神亀１～				大安寺を南大寺と呼び、後に東大寺が造り加えられた	
(２)	○	(天平) ５	癸酉			公家、良弁のために羂索院を創立する。古金鍾寺	表７
(３)	○	(天平12)		10	8	良弁僧正が金鍾山寺に審詳を招いて華厳経を講義させる。聖武天皇40満賀	表７
(４)	○	(天平) 13	辛巳	3	乙巳	独り城東に峙する故、東大寺という	
(５)	○					類聚国史、大神宮祢宜延平日記　伊勢大神と東大寺	
(６)		(天平) 15	癸未	1	癸丑	金光明寺にて読経、大養徳国金光明寺で殊勝の会を設ける	
(７)				3	癸卯	金光明寺の読経終わる	
(８)	○	(天平16)		冬10		勅を百寮に下して、始めて知識花厳別供を建てる	表４
(９)				12	丙申	金鍾寺・朱雀路にて燃灯１万杯	
(10)	○	(天平17)		(８)	23	山金里で盧舎那仏像を作る。聖武天皇以下御座を固める	表４
(11)	○	(天平) 18		3	16	良弁僧正が羂索院で聖武天皇等のために法花会を始める	表４、表７
(12)				冬10	甲寅	聖武天皇以下金鍾寺に行幸、盧舎那仏に燃灯15700余杯	表４
(13)	○	(天平19)		9	29	大仏の鋳造を始める。大仏殿の造営を今年から始める	
(14)						伊勢大神宮祢宜延平日記　盧舎那仏の鋳造	
(15)	○	(天平21)		冬10	24	大仏の鋳造終わる、三年八度。八幡大神を鎮守とする。これにより大仏の鋳造が成る	
(16)	○	(勝宝８)		5	2	聖武太上天皇崩、国忌を大仏殿で修める	表４
(17)	○	(勝宝１)		2	22	聖武太上天皇が東大寺に行幸	
(18)	○			4	8	大仏殿挟士観音虚空蔵菩薩像を作り始める	
(19)				12	丁亥	大神宮祢宜大神社女が東大寺を拝す。東大寺に封4000烟、奴婢を施入する	表６
(20)		(勝宝) ２		2	壬午	大和国金光明寺の封3500戸を益す	
(21)	○	(勝宝) ３				大仏殿の建造終わる	
(22)	○	勝宝1～3.6				大仏の螺髻の鋳造終わる	
(23)	○	(勝宝) ４		3	14	大仏の鍍金を始める。終わる前の四月九日、開眼の大会	
(24)	○			5	1	少僧都良弁を東大寺別当に補す	表７
(25)	○	(勝宝) ５		9	4	東大寺の大釜を鋳造、鉄三千斤を用いる	
(26)	○	勝宝６	甲午	2	4	鑑真和上日本に至る。東大寺に安置する	表７
(27)	○			4	5	聖武太上天皇、盧舎那仏前にて登壇受戒	表４
(28)	○			5	1	戒壇院建立の宣旨	表４
(29)	○	(勝宝) ７	乙未			盧舎那仏前にて授戒を行う	
(30)	○			9		戒壇院の造営が終わる	
(31)	○	(勝宝) ８	丙申	4		盧舎那殿前に聖武太上天皇十八種物を奉献	表４
(32)	○			6	21	聖武太上天皇七々忌に国家珍宝にて盧舎那仏を供養する	表４
(33)	○	(宝字２)		5	27	大仏殿の四天王像を造った	
(34)		(宝字) ４		7	癸丑	皇太后の七々忌を東大寺で行う	表５
(35)	○	(宝字) ６				良弁僧正に安居会料として封50烟を納める	表７

○を付したものは「原本願章」の独自記事。以下同じ。

表４　聖武天皇に関する記事

		年		月	日	事　　項	他表との重複
（1）	○					天璽国押開豊桜彦天皇は当伽藍の本願、勝宝感神聖武皇帝は天帝と号す。文武天皇の太子、母は藤原朝臣不比等の女の宮子。大宝元年誕生、和銅七年皇太子、時年十四	
（2）	○	神亀１		２	甲午	皇太子、受禅即位、24歳	（イ）
（3）	○	（神亀）１		11		大嘗会をおこなった	
（4）	○	（神亀）２	乙丑	１		災異を除くために僧六百人を宮中に請じて大般若経を読誦させる	
（5）	○	（神亀３）		７	甲午	所司に勅して、元正太上天皇寝膳不安により、敬造薬師仏像、挟侍菩薩、四天王像を造る。興福寺に東金堂を立てて供養する	
（6）	○	（神亀）６	己巳	秋７		左京職が図を負った亀を献じた。その背には天皇貴平知百年の文字があった。よって天平と改元した	
（7）		（天平）１		８	戊辰	正３位藤原夫人を皇后とする	表５
（8）	○	（天平）６	甲戌			門部王に勅して一切経を写させる	
（9）	○	（天平12）		10	８	良弁僧正が金鍾山寺に審詳を招いて華厳経を講義させる。聖武天皇40満賀	表３・表７
（10）	○	（天平16）		冬10		勅を百寮に下して、始めて知識花厳別供を建てる	表３
（11）	○	（天平17）		（８）	23	信楽宮から平城宮に遷り、大倭国添上郡山金里に盧舎那仏を造ることを移す。天皇は御袖に土を入れて運び、御座を堅める。公主夫人命婦采女文武官人も同じ	表３
（12）	○	（天平）18		３	16	良弁僧正が羂索院で聖武天皇等のために法花会を始める	表３
（13）				10	甲寅	聖武天皇・元正太上天皇・光明皇后が金鍾寺に行幸し、燃灯供養する。15700余坏、数千の僧に行道させる	表３・表５
（14）	○	（天平）19	丁亥	３		仁聖皇后が聖武天皇の不予により、新薬師寺を建て七仏薬師像を造る	表５
（15）	○	天平13				国分二寺建立の綸旨を下してからの八年間たったが、天平二十年八月に更に勅を下して、夏安居に最勝王経を講ぜしめた	
（16）	○	（天平）21		７	２甲午	禅位、49歳	（ハ）
（17）		（勝宝）１		12	丁亥	大神宮祢宜尼の大神社女が東大寺を拝した。天皇・太上天皇・大后も行幸した。是日東大寺に封四千戸・奴婢を献じた	表５・表６
（18）	○	（勝宝）８	丙申	５	２	聖武太上天皇は平城宮に崩じた。年五十六。佐保山南陵、在大和国添上郡、兆域、東四段、西七町、南北七町、守戸五烟、国忌を大仏殿で修めた。御斎会と号するのは是である	表３
（19）	○	宝字２				勅して謚号を天璽国押開豊桜彦天皇と奉った	
（20）	○	勝宝６		４	５	聖武太上天皇、盧舎那仏前にて登壇受戒	表３
（21）	○	（勝宝）８	丙申	４		盧舎那殿前に聖武太上天皇十八種の持物を奉献	表３
（22）	○			６	21	聖武太上天皇七々忌に国家珍宝にて盧舎那仏を供養する	表３、表６
（23）	○	（勝宝８）		５	２	平城後太上天皇が崩ず	表３
（24）	○	（勝宝８）		６	21	今帝は太上天皇の七々忌に、国家の珍宝を盧舎那仏に奉献	表３・表６

部分で、聖武天皇が東大寺の本願であること、父母、誕生と立太子について記す。また即位⑵、大嘗会⑶、神亀の出現による改元（6）、立后⑺、四十満賀⑼、譲位⑯、受戒⑳、崩御⒅㉓、謚号⒆、国忌⒅、七々忌㉒㉔などの生涯や死後の節目の出来事を記すのは当然であろう。

しかしそれだけでなく、東大寺との関係も記されている。知識華厳別供の設立⑽、添上郡山金里における大仏造顕工事の再開⑾、良弁による法花会の開始⑿、金鍾寺に行幸して燃灯供養⒀、東大寺に行幸して封戸奴婢を施入⒄、盧舎那仏前における受戒⑳、十八種の持物の盧舎那仏への奉献㉑、七々忌における国家の珍宝の盧舎那仏への奉献㉒㉔などである。

それとともに、東大寺とは限らずに一般的な仏教興隆との関わりがあげられている点も注意される。災異を除くために宮中で大般若経を読誦させたこと⑷、元正太上天皇の病気平癒祈願のために薬師仏等を造らせ興福寺東金堂を建てさせたこと⑸、一切経の写経⑻、聖武天皇の病気平癒祈願のために光明皇后によって新薬師寺が建てられ七仏薬師像が造られたこと⒁などである。

また⒂は、前掲㈱の元正太上天皇の逝去記事に続く部分である。両者が一連のものであるとすると、元正太上天皇の事績を記した部分ということになる。しかし、その没後の天平二十年八月の勅の話が出てくるので、そうではなく聖武天皇の事績である。⒂は国分寺建立の勅のあと八年目の天平二十年八月に、諸国に対して勅を出して、夏安居に最勝王経を講じるように命じた、ということに主眼がある。これも聖武天皇が東大寺に限らず仏事を奨励したことを示す記事である。

これらは、聖武天皇が、東大寺とのみ関わるのではなく、広く仏教興隆と関わったことを示す意図があるのではないか。

(三) 光明皇后・孝謙天皇に関わる記事

つぎに光明皇（太）后関係の記事を表5に整理した。これによると、皇子誕生による封戸の賜与⑴、立后⑵、崩⑽、七々忌⑾などの生涯が記されている。

光明皇后と東大寺との関わりを示すのは、意外にも⑺⑼の二つの行幸記事しかない。しかもこの二つはいずれも天皇・太上天皇と一緒の行幸で、単独の行動ではない。彼女と東大寺との関わりは、彼女の七々忌の法会が東大寺で行われたこと⑾が最も大きなものとして記録されている。

しかし、光明皇后と仏教との関わりは記されている。興福寺五重塔の建立⑶、興福寺西金堂を建てて釈迦像を造り母の県犬養三千代の周忌斎の供養を行ったこと⑸、五月一日経の写経⑹、聖武天皇の病気平癒祈願のために新薬師寺を建立し七仏薬師像を造ったこと⑻などである。⑷の盂蘭盆供養は、供物を大膳職に整えさせているので、各所で行われたとみられる。これが、この年（天平五年）正月に没した県犬養三千代の初盆に関わるとすると、光明皇后にかかわる記事であり、彼女と仏教との関係を示すことになる。

東大寺との直接的な関わりを示す記事が少ないにもかかわらず、光明皇后に関する記事が「原本願章」に記されているのは、本願聖武天皇の皇后として仏教興隆に力を尽くしたことを示すためであろう。

さらに孝謙（太上）天皇関係の記事を表6に整理した。例によっ

表5　光明皇后に関する記事

		年		月	日	事　　項	他表との重複
(1)		(神亀4)		(11)	戊午	従3位藤原夫人に食封1000戸を賜う	
(2)		(天平)1		8	戊辰	正3位藤原夫人を皇后とする	表4
(3)	○	(天平)2	庚午			藤原夫人光明子が興福寺五重塔の建立を発願。皇后宮職に施薬院を置く	
(4)	○	(天平5)		7	15	大膳職に盂蘭盆供養を備えさせる	
(5)	○	(天平6)				藤原皇后光明子、先妣贈従一位橘大夫人の忌日に釈迦像を造り、興福寺に西金堂を建て僧四百口で供養する	
(6)		(天平)12	庚辰	5	1	一切経の写経を発願する	
(7)				10	甲寅	聖武天皇・元正太上天皇・光明皇后が金鍾寺に行幸し、燃灯供養する。15700余坏、数千の僧に行道させる	表3・表4
(8)	○	(天平)19	丁亥	3		仁聖皇后が聖武天皇の不予により、新薬師寺を建て七仏薬師像を造る	表4
(9)		(勝宝)1		12	丁亥	大神宮祢宜尼の大神社女が東大寺を拝した。孝謙天皇・聖武太上天皇・光明皇太后も行幸した。是日東大寺に封四千戸・奴婢を献じた	表 3・表4・表6
(10)	○	宝字4		6	7乙丑	天平仁政皇后崩ず	(チ)
(11)				7	癸丑	皇太后の七々忌を東大寺で行う	表3

表6　孝謙天皇に関する記事

		年		月	日	事　　項	他表との重複
(1)	○	(天平) 10	戊寅	1	壬午	阿倍内親王を皇太子とする	(ニ)
(2)	○					平城宮御宇聖字称徳孝謙皇帝は聖武天皇の女、光明皇后の子。養老二年戊午誕生	
(3)	○	(勝宝1)	己丑	7	2甲午	受禅即位、年32	(へ)
(4)	○			11		大嘗会	
(5)	○			7	2	天皇即位、感宝を改めて天平勝宝元年とす	
(6)				12	丁亥	大神宮祢宜大神社女が東大寺を拝す。孝謙天皇・聖武太上天皇・光明皇太后が東大寺に行幸。封4000烟、奴婢を施入する	表3、表4、表5
(7)	○	(勝宝8)		6	21	今帝は聖武太上天皇の七々忌に国家珍宝を盧舍那仏に奉った	表3、表4
(8)	○	(宝字1)		11	23	鑑真に備前国の水田100町を施す	
(9)	○	(宝字) 2		8	1庚子	禅位、年41	(ト)
(10)	○	(宝字) 5		1	21	勅を下して下野薬師寺、筑紫観世音寺に戒壇を建て、授戒を行わせる	
(11)	○	(宝字) 8		9	11	金銅の四天王像を造り伽藍建てることを発願、西大寺	
(12)	○					三重小塔百万基を造る願を発す	
(13)	○	天平神護1	乙巳	1		重ねて即位する、時年四十八、在位五年	
(14)	○	宝亀1	庚戌	8	4癸巳	西宮に崩ず、年五十三。陵高野、在大和國添下郡、北域、東西五町、南北三町、守戸五煙	(リ)

て立太子(1)、父母と誕生(2)、即位(3)(5)、大嘗会(4)、改元(5)、譲位(9)、重祚(13)、崩御(14)などの節目が記されている。

それ以外に孝謙（太上）天皇の事績としてあげられているのは、聖武太上天皇の七々忌に国家の珍宝を盧舎那仏に奉献したこと(7)、鑑真に備前国の水田を賜与したこと(8)、下野薬師寺と筑紫観世音寺に戒壇を設けて授戒を行わせたこと(10)、西大寺の建立(11)、三重の小塔を百万基造らせたこと(12)などである。これらは特に東大寺と直接的な関わりはないが、本願聖武天皇の後継者として仏教興隆に尽くしたことを示すためであろう。また、称徳天皇としての事績が全くあげられていないことも再確認しておきたい。

なお、前述のように、孝謙（太上）天皇は本願とは位置づけられていない。また、『続日本紀』からの引用は(6)のみで、独自記事がほとんどである。これは、前述のように、天平十九年以降『続日本紀』からの引用が減少し、独自記事によって記述することが増える傾向と照応している。

(四)　高僧に関する記事

さらに、高僧に関する記事が多いことも「東大寺を中心とする仏教史料群」の特徴である。それらを表7に整理した。高僧に関する記事は、『続日本紀』その他からも引用されているので、それらもあわせて表示している。

これによると、まず『要録』が取り上げているのは一三人である。しかし、このうち堅蔵と法栄については、次のような記事である。

・（天平九年）十月丙寅、講金光明最勝王経于大極殿、朝廷之儀、一同元日、請律師道慈為講師、堅蔵為読師、聴衆一百、沙弥一百、

・（勝宝八歳）六月辛卯、太政官処分、太上天皇供御米塩之類、宜宛唐和上鑑真、禅師法栄二人、永令供養、

これらは、「原本願章」における道慈や鑑真の扱いの大きさからみて、彼らに関する記事を引用することに眼目があり、それにつれて堅蔵と法栄の名前もあがることになったものであろう。「原本願章」の編者が堅蔵と法栄を重視して引用したものではない。法栄については『続日本紀』に聖武太上天皇の陵前で読経するという重要な記事（法栄(1)）があるが、「原本願章」は引用していない。

『続日本紀』に固有名詞が見える僧尼はかなり多いが、「原本願章」はそのすべてをあげているわけではない。先に引用した『続日本紀』天平九年八月丁卯条から玄昉に関する部分は引用するが、良敏の部分は削っているのが、そのよい例である。

『続日本紀』の聖武天皇・孝謙天皇の時期に見えて「原本願章」にあげられていない僧のうち、主なものとして安寛・行信・慶俊・慈訓・神叡・道鏡・法進などをあげることができる。これらの僧は、道鏡をのぞいて重要度で一ランク落ちる。道鏡が歴史の表舞台で重きをなすのは称徳天皇の時代であるが、前述のように、称徳天皇の事績を記さないことと道鏡を取り上げないこととは対応している。

「原本願章」は、聖武・孝謙天皇の時代の僧の中から十一人を選び出して、その事績を記したのである。そのうち外国からの渡来僧は、道璿・菩提・仏哲・鑑真の四名を数える。戒師の招請に応じて来日したとされる僧たちである。東大寺関係の記事について述べたように、戒壇院の設立、そこにおける授受戒が重視されていたことと対応して、正規の戒が東大寺において授受されたことが重視され

表7　高僧に関する記事

僧名		年紀	呼　称	事　　績
義淵（1）	×	文武 3.11.29	義淵法師	稲１万束を施す
（2）	×	大宝 3.3.24	義淵法師	僧正とする
（3）		神亀 4.12.10	僧正義淵法師	賜姓岡連
（4）	○	神亀 4	僧正	竜蓋寺記
（5）		神亀 5.10.20	僧正義淵	卒
行基（1）	×	養老 1.4.23	小僧行基	（指弾する詔）
（2）	○	今年（神亀３）	行基菩薩	山崎橋架橋
（3）		天平３（.8.7）	行基法師	随逐する優婆塞等の入道を聴す
（4）	○	天平 8.7	行基	道璿を迎える
（5）		天平15.10.19	行基法師	紫香楽において衆庶を勧誘
（6）	○	天平17.1	行基法師	為大僧正、施400人出家
（7）	○	勝宝 1.2.2	大僧正行基	入滅、伝記
道慈（1）	×	養老 3.11.1	道慈法師	神叡とともに顕彰
（2）	○	神亀１～	道慈法師	大安寺を改造、任律師、南大寺、加東大寺
（3）	○	天平 8.7	道慈	道璿を迎える
（4）		天平 8.2.7	律師道慈法師	童子を賜う
（5）		天平 9.4.8	律師道慈	大安寺で大般若経転読
（6）		天平 9.10.26	律師道慈	為講師、大極殿で金光明最勝王経の講読
（7）	○	天平16.10（.2）	道慈律師	卒
良弁（1）	○	天平５	良弁	羂索院創立、古金鐘寺
（2）	○	天平12.10.8	良弁僧正	金鐘山寺に審詳を招いて華厳経の講義
（3）	○	天平18.3.16	良弁僧正	羂索院で法花会を始める
（4）	×	勝宝 3.4.22	良弁法師	菩提法師を僧正、良弁法師を少僧都、道璿法師・隆尊法師を律師とす
（5）	○	勝宝 4.5.1	少僧都良弁	始めて東大寺別当に補す
（6）	×	勝宝 8.5.24	良弁法師、少僧都良弁、大徳	先帝不予にあたり労勤、大僧都とす
（7）	×	宝字 4.7.23	大僧都良弁	僧位の制定について奏上
（8）	○	宝字６	良弁僧正	安居会料に封戸を納める
（9）	×	宝亀 4.⑪.24	僧正良弁	卒
隆尊（1）	○	天平５	元興寺沙門隆尊律師	戒師招請を求める
（2）	○	勝宝 3.4.22	元興寺隆尊	律師に任ず
（3）	○	勝宝 4.8.2	律師隆尊	上宮で華厳経を講ず
（4）	○	宝字 4.④.18	隆尊律師	遷化
玄昉（1）		天平 8.2.7	入唐学問玄昉法師	封・田・童子を賜う
（2）		天平 9.8.26	玄昉法師	僧正とする
（3）		天平 9.12.27	僧正玄昉法師	宮子を看病、聖武天皇と対面
（4）	×	天平12.8.29	僧正玄昉法師	藤原広嗣の上表文
（5）	○	天平13.7.15	玄昉僧正	千手経の写経発願
（6）		天平17.11.2	玄昉法師	筑紫観世音寺を造らせる
（7）		天平17.11.17	僧玄昉	封物を収める
（8）		天平18.6.18	僧正玄昉	死、伝記
（9）	×	宝亀 6.10.2	玄昉法師	吉備真備薨伝、広嗣と隙あり
道璿（1）	○	天平 8.7	大福先寺沙門道璿	来日
（2）		天平 8.10.2	唐僧道璿	時服を施す
（3）	○	宝字 4.④.18	大安寺道璿	終焉
菩提（1）	○	天平 8.7.庚午	南天竺婆羅門僧菩提	来日
（2）		天平 8.10.2	婆羅門僧菩提	時服を施す
（3）	○	勝宝 3.4.22	南天竺菩提法師	僧正に任ず
（4）	○	宝字 4.2.25	菩提僧正	入滅
仏哲（1）	○	天平 8.7.庚午	膽波国林邑北天竺仏哲	来日
堅蔵（1）		天平 9.10.26	賢蔵	為読師、大極殿で金光明最勝王経の講読
鑑真（1）	○	勝宝 6.2.4	大和上鑑真	来日、東大寺に安置、聖武太上天皇その他が盧舎那仏前にて受戒、任少僧都
（2）	×	勝宝 6.1.16	唐僧鑑真	帰朝
（3）	○	勝宝 7.10.25	鑑真	大僧都に任ず
（4）	×	勝宝 8.5.24	和上鑑真	先帝不予にあたり労勤、大僧都とす
（5）		勝宝 8.6.9	唐和上鑑真	太上天皇の供御を充てる
（6）	○	勝宝 9.11.23	鑑真和上	戒院のために新田部親王旧宅と水田を施入
（7）	×	宝字 2.8.1	大僧都鑑真、大和上	僧綱の任を解く
（8）	○	宝字 3.8.3	鑑真和上	太上天皇の奉為に招提寺を建てる
（9）	○	宝字 7.5.6	鑑真	入滅
法栄（1）	×	勝宝 8.5.23	禅師法栄	聖武太上天皇の山陵にて大乗を転読する
（2）		勝宝 8.6.9	禅師法栄	太上天皇の供御を充てる
実忠（1）	○	宝字８	実忠和尚	西隆寺別院を立てる

○は『要録』の独自記事（『続日本紀』に同じ事績が記されている場合でも独自史料から引用した場合は○とした）、×は『続日本紀』にあって『要録』に見えない記事、○×がないのは共通する記事である。

ているといえよう。

「原本願章」に取り上げられた高僧のうち、注目すべきは玄昉の扱いである。

a六月己亥、僧正玄昉、忽然登空数丈、落地死已、更無血骨、僧正俗姓阿刀氏、霊亀二年、入唐学問、唐天子尊昉、準三品令著紫袈沙、天平七年、随大使多治比真人広成還帰、齎経論五千余巻及諸佛像来、亦施紫袈沙着之、尊為僧正、安内道場、栄寵稍盛、

b己亥、僧玄昉死、玄昉俗姓阿刀氏、霊亀二年、入唐学問、唐天子尊昉、准三品令着紫袈裟、天平七年、随大使多治比真人広成還帰、齎経論五千余巻及諸仏像来、皇朝、亦施紫袈裟着之、尊為僧正、安置内道場、自是之後、栄寵日盛、稍乖沙門之行、時人悪之、至是、死於徙所、世相伝云、為藤原広嗣霊所害、

b『続日本紀』の玄昉の死亡記事では、「僧正」ではなく「僧」の玄昉が死んだこと、聖武天皇の寵を受けたことで沙門の行いに乖くようになり人々に憎まれたこと、藤原広嗣の霊のために害されたことなどが記されている。これに対してa「原本願章」(玄昉(8))では、空に上がって落下して死に血骨なしの一節が加わっているが、「僧正」として死んだとしている。また、沙門の行いに乖いたこと、藤原広嗣の霊のために害されたことなどは省かれている。すなわち「原本願章」では、玄昉は異常な死に方をしたが、政争に巻き込まれて失脚したことを記さず、高僧として扱っていることになる。

このことは、次の点からも裏付けられる。『続日本紀』に見える玄昉に関する記事は、二つを除いてすべて「原本願章」に引用されている。この二つのうち宝亀六年十月壬戌(二日)条(玄昉(9))は吉備真備薨伝にみえるもので、光仁天皇期の記事であるので、「原本願章」に引用されないのは当然である。もう一つは天平十二年八月癸未(二十九日)条(玄昉(4))で、その内容は広嗣が玄昉と吉備真備を除けと主張したという記事なのである。これを引用しないのは、玄昉を広嗣の指弾の対象となるような僧としては扱わないという方針によるものと考えられる。

そのうえで「原本願章」に見える玄昉について、さらに注意すべきことがある。それは、東大寺との関係が何も見えないことである。『続日本紀』においても玄昉と東大寺との関係を示す記事はないが、「原本願章」においても同じである。それにもかかわらず「原本願章」は玄昉に関する記事をよく拾っていることになる。このことは、「原本願章」における高僧関係記事の性格を考えるうえで重要である。

この点をさらに考えるために隆尊に注目したい。「原本願章」に見える彼の記事はすべて『続日本紀』からの引用でない独自記事である。彼の律師任命は『続日本紀』にもそのことを記す唯一のことがら(隆尊(2))であるが、次のように「原本願章」は日や名前の示し方などから見て、明らかに『続日本紀』からの引用ではない。

a(勝宝三年)四月廿二日、元興寺隆尊任律師、

b甲戌、詔、以菩提法師為僧正、良弁法師為少僧都、道璿法師・隆尊法師為律師、

そうすると「原本願章」に見える隆尊に関する記事はすべて独自記事なのである。ところが、それらには東大寺と明確に関係する記事は見えない[17]。それにもかかわらず「原本願章」は隆尊を重視し[18]、彼に関する記事を列挙するのである。それは、隆尊が戒師招請に大

きな役割を果たしたという評価によると思われる。

それを示すのが、次の記事（隆尊(1)）である。このように特定の人物について多くを記すことは、「原本願章」では他に道慈の例（道慈(2)）があるだけである。このこと自体、隆尊の「原本願章」における特別の位置づけを示している。

又有元興寺沙門隆尊律師者、志存鵝珠、終求草繫、於我国中、雖有律本、闕伝戒人、幸篷玄門、嘆無戒足、即請舎人王子処曰、日本戒律未具、仮王威力、発遣僧栄叡、随使入唐、請伝戒師、還我聖朝、伝受戒品、舎人親王即為隆尊奏、勅召件栄叡入唐、於是興福寺栄叡、与普照倶奉勅、四月三日、随遣唐大使多治比真人広成、到唐国、留学問、方知本国無伝戒人、請大福先寺沙門道璿、附副使大中臣朝臣名代之舶、先向日本、擬伝戒之法師、赴請天平八年七月庚午、自至海東、君臣下流及行基、道慈、晨夕至礼、勅任律師、朝参鳳闕、夕憩竜宮、出入丹墀、徘徊金地、従鑑真和上領諸門人、為伝戒律、自是已来、共行壇法、後辞律師、入芳野現光寺、安禅孤棲、味道飡風、命終之前一日有化、俗人夢見道璿乗六牙白象、著白衣向東而去、由此方知普賢、

これによれば、隆尊が日本には正式の戒律が備わっていないことを憂慮し、舎人親王に働きかけたことによって、栄叡・普照の入唐、彼らの説得により道璿や鑑真の来日に至ったことが述べられている。前述のように、「原本願章」は戒律の伝来と普及を特に重視しているとみられるが、隆尊はそれに大きな役割を果たしたと評価されているのである。

玄昉と隆尊に関する「原本願章」の記事では、東大寺との直接的な関係がなくても、彼らの事績が記されていることが明らかになった。この点を他の高僧たちに関する記事に広げて検討すると、多くの場合同じことが指摘できる。それをいちいちあげることは煩雑であるので、逆に「原本願章」の高僧関係記事のうち、東大寺と関係する記事をあげると、次の数条しかないことが明らかとなる。

道慈(2)　始自元年二七箇年、（中略）俗に呼んで南大寺とす、後に東大寺を加え造る、高野天皇また西大寺を立てる
良弁(1)　天平五年　公家が良弁のために羂索院を創立する
良弁(2)　天平十二年十月八日　金鍾山寺に審祥を招いて華厳経を講義させる
良弁(3)　天平十八年三月十六日　羂索院で法花会を始める
良弁(5)　勝宝四年五月一日　東大寺別当に補す
良弁(8)　宝字六年　良弁に安居会料の封戸を与える
鑑真(1)　勝宝六年二月四日　東大寺に安置、聖武太上天皇らが盧舎那仏前にて受戒

このうち道慈の場合は、彼が関係した大安寺を俗に南大寺と呼ぶのに対して、後に東大寺が造り加えられたり、西大寺が立てられたことを注記したもので、大寺を南東西と並べたに過ぎない。彼が東大寺にかかわって何らかの業績をあげたために、特に記されたものではない。

すると、具体的な事績の点で東大寺との関わりを記すのは、良弁と鑑真の二人だけということになる。他の僧たちは、高僧であることによって「原本願章」に記録されていると判断できる。

以上によると、「原本願章」が語る高僧たちは、『続日本紀』から

の引用に独自記事を加えて、仏教上の一般的事績があげられている。その事績が、広い意味で東大寺に関わりがあると位置付けられていると考えられる。

そのなかでは特に戒律の伝来が重視され、その観点から隆尊が取り上げられ、また道璿・菩提・仏哲・鑑真などの外国僧が取り上げられるのである。鑑真が特に重視されるのは、戒壇や授受戒から当然のことである。良弁はその事績が東大寺と直接関係していることが重視される理由である。

(五) 小結

これまでに、「原本願章」ⓐⓔを構成する諸要素について検討してきた。本節の最初にあげた見取り図に則して言うと、まず、Ⅱ「諸資料からの引用」④〜⑧、Ⅰ「年代記的部分」の①『続日本紀』、②「天皇家記録」などがあった。つぎに、これらを取り去った後に残るものを③「東大寺を中心とする仏教史料群」と仮称したが、その内容は、東大寺に関する記事、聖武天皇・光明皇后・孝謙天皇に関する記事、高僧に関する記事などであることが明らかになった[19]。

東大寺については、天平十九年の初見以前では、金鍾寺とそれを引き継いだと考えられていた羂索院のみ、および大養徳国金光明寺について記され、天平十九年以後では大仏殿と戒壇院のみが取り上げられる。大仏の鋳造・制作、脇侍・四天王像などの大仏殿内諸像の制作などが詳しく記録されている。八幡大神や伊勢大神との関係、東大寺で行われた法会なども記されている。

聖武天皇・光明皇后・孝謙天皇については、彼らの生涯をたどる伝記をめざしたものではなく、東大寺とかかわりつつ仏教興隆に尽くしたことが記される。

さらに高僧については、東大寺における正式の戒の授受が重視され、その点から戒師招請も注目され、外国僧が取り上げられた。その他の高僧は、良弁・鑑真を除いて東大寺との直接的な関係がなくても、東大寺は六宗三学の高僧と有縁であるという立場から、その事績が記されている。

以上を総合すると、「原本願章」ⓐⓔは、次のように作成されていったのではないか。

1 まず『続日本紀』から、聖武天皇家や高僧と仏教とのかかわりを示す記事を引用する。

2 次に、②③を見て、先に選び出した『続日本紀』の記事と重なるものは『続日本紀』を優先し、重ならないものをそれぞれ適当な日時のところにはめ込む。『続日本紀』を優先した場合でも、その末尾に独自記事を付け加えることも行われた。

3 さらに、収集した諸資料の中から、④〜⑧を適当な個所に配列する。

4 ⓒ后・皇子、ⓓ延暦僧録文（勝宝感神聖武皇帝菩薩伝）をⓐⓔの間に配置する。

四 「原本願章」の性格

(一) 聖武・孝謙天皇時代の歴史や伝記との対比

前節までに「原本願章」の構造および構成要素について検討してきた。一部その性格にまで言及した場合があったが、あらためてⓐ

「聖武天皇伝」、ⓔ「孝謙天皇伝」の性格についてさらに検討を進めたい。

まず初めに注意したいのは、ⓐⓔが、聖武（太上）天皇と孝謙（太上）天皇の時代の一般的な歴史を記そうとしたものではない、ということである。この点は、両天皇の時代に起きた歴史上の重大事件に必ずしも触れないことから明らかである。いくつか列挙してみよう。

天平元年（七二九）　長屋王の変
宝字元年（七五七）　橘奈良麻呂の乱
宝字八年（七六四）　藤原仲麻呂の乱

など、歴史を揺るがせた大事件については、『続日本紀』に詳しく記されているにもかかわらず、まったく記すことがない。その中で、天平十二年（七四〇）の藤原広嗣の乱については、

九月己亥、勅四畿内七道諸国曰、比来縁筑紫境有不軌之臣、命軍討伐、願依聖祐、欲安百姓、故今国別造観世音井像一軀、高七尺、幷写観世音経一十巻、

とあり、「縁筑紫境有不軌之臣、命軍討伐」の語が見えるが、これは引用勅の中の語であり、記事としては観世音菩薩像の造像、観世音経の写経に主眼があるのであって、藤原広嗣の乱そのものを記録しようとしたわけではない。以上の乱以外でも、

天平九年（七三七）　天然痘の大流行、藤原四兄弟の死
天平十三年（七四一）　恭仁遷都
天平十五年（七四三）　墾田永年私財法
勝宝元年（七四九）　紫微中台の設置
宝字元年（七五七）　養老律令の施行

などの重大事項についてもまったく触れていない。

『原要録』の編者は、上述のように『続日本紀』を見てそこから種々引用しているのであるから、これらの出来事を知らなかったはずはない。しかし、事件の当時から約三五〇年後の『原要録』の編者にとって、これらは取り立てて重大なこととは考えられなかったのであろう。また、これらの事件の引用は、『続日本紀』からの引用の趣旨に外れると考えられたのであろう。

次に注意したいのは、ⓐⓔが聖武天皇・孝謙天皇の一般的伝記を記そうとしたものでもない、ということである。そのことは、両天皇の生涯にとって重要な出来事に触れていないことからいうことができる。聖武天皇については、上記の乱や重要事項以外にも、

多くの行幸（紀伊、吉野宮、難波宮、甕原離宮など）
神亀三年（七二六）　難波宮の造営開始
天平四年（七三二）　初めて冕服を着る
渤海国との外交
遣唐使の派遣

なども記されない。

次に孝謙天皇については、

天平十五年（七四三）　皇太子として群臣の前で五節を舞う
宝字元年（七五七）　道祖王の廃太子と大炊王の立太子
宝字二年（七五八）　淳仁天皇の即位
宝字三年（七五九）　保良宮の造営
宝字六年（七六二）　淳仁天皇との関係決裂

などの重要な出来事が、まったく触れられていないのである。これらによれば、ⓐⓔが聖武天皇・孝謙天皇の生涯を記録にとどめよう

としたものではないことは明らかである。

ではⓐⓔはどのような性格のものとしてみることができるであろうか。ⓐの冒頭では、聖武天皇が東大寺の本願であることを記すことから始められている。そして本願とするのは聖武天皇一人だけである。このことは、『要録』全体を通じて変わらない。ⓔでは孝謙天皇の事績を記しているが、孝謙天皇を東大寺の本願とは記さない。本願はあくまでも聖武天皇のみであり、孝謙天皇は聖武天皇の継承者として位置付けられている。なお前述のように、称徳天皇の事績は一切取り上げていないので、称徳天皇は本願の後継者ですらないのである。

次に「皇太子」については、その誕生から死に至るまで、『続日本紀』の記事をほぼすべて引用しているのに対して、聖武天皇のもう一人の皇子である安積親王については、『続日本紀』に見えるのは天平十六年に急死したことだけである。[20]彼の死は皇位継承の点からは重要であるが、『原要録』では何も触れられていない。これは、「皇太子」こそが本願を継ぐべきものとして位置付けられていると理解することができる。光明皇后も本願としては位置づけられていないが、表5のように事績はあげられている。

以上によると、ⓐⓔは、本願である聖武天皇と、本願を継承すべきであった皇太子、継承した孝謙天皇、聖武天皇の皇后である光明皇后、すなわち聖武天皇の一家の事績と仏教・東大寺とのかかわりを記していると言うことができる。

（二）　東大寺の歴史との対比

一方で、ⓐⓔが東大寺の一般的な歴史を記そうとしたかというと、いちがいにそうだとは言い切れない。東大寺にとって重要な事項が、必ずしも取り上げられていないからである。

たとえば、天平勝宝元年（七四九）四月に聖武天皇は東大寺に行幸し、北面して盧舎那仏に対面し、自らを三宝の奴と称して盧舎那仏に臣従する姿勢を示した。[21]このことは、王権と東大寺との関係を考える上できわめて重要であるが、記されていない。これ以外にも、聖武天皇・孝謙天皇は東大寺に行幸しているが、その多くは記されていない

次に、天平二十一年四月に東大寺をはじめとして諸寺に墾田を許す方針が示され、天平勝宝元年七月に墾田地の限度額が明示された。[22]それによって大倭国国分金光明寺は四〇〇〇町と定められたが、これに次ぐのは元興寺の二〇〇〇町で、際立って多い。これを承けて、東大寺はさっそく墾田地を確保すべく、北陸地方に寺家野占使を派遣した。[23]これらは、東大寺の経済的基盤を確保するという点から重要な出来事であったはずであるが、何ら記されることがない。

さらに、天平宝字元年五月の聖武太上天皇の周忌斎が東大寺で挙行されたこと、同四年七月に封戸五〇〇〇戸の使途が定められたこと、[24]などはいずれも東大寺にとって重大な出来事であったはずであるが、記されていない。特に封戸は、十一世紀の最末期まで東大寺の経済的基盤をなしていたが、[25]それは『東大寺要録』成立の直前のことであるので、その使途を限定・削減されたこの出来事は、東大寺にとって見過ごしにできない関心事であったはずである。それが記されていないのである。

これらから見て、ⓐⓔが聖武・孝謙天皇時代の東大寺の一般的な歴史を記そうとしたものではないことは明らかである。

次に、ⓐⓔに見える東大寺に関する記事については、前節で検討した。それによると、東大寺の初見以前では金鍾寺と羂索院、それ以後については大仏・大仏殿・戒壇院などの諸施設について詳しく記していた。このことは、裏を返せば、阿弥陀堂・千手堂などについては何も記さないことを意味する。また、東大寺境内には、東西両塔・講堂・食堂・二月堂その他多くの重要な堂塔が建てられたが、それらには全く触れることはなく、大仏殿と戒壇院のみが取り上げられている。このことは、盧舎那仏以外の諸仏像についても同じである。

「原本願章」では東大寺の諸堂塔の中では、金鍾寺・羂索院、大仏殿と戒壇院、諸仏像の中では盧舎那仏について特に取り上げているといえる。もちろん「原本願章」で触れられなかった諸堂塔・諸仏像その他については、「原諸院章」をはじめとして原諸章に譲ることを想定していたことは考慮しなければならない。そうすると、逆に「原本願章」に記されるということは、その編者にとってますます重要なことと位置付けられたことになる。

(三) 小結

以上から、「原本願章」は、聖武（太上）天皇・孝謙（太上）天皇の時代の一般的な歴史、両天皇の一般的な伝記を記そうとしたものではなく、聖武天皇とその一家と東大寺および仏教との関係を示そうとしたものであると考えられる。

また、東大寺一般の歴史を描こうとしたものではなく、東大寺の堂塔諸院では、前身としての金鍾寺やそれを引き継いだと認識されていた羂索院や大仏殿・戒壇院が注目され、その他の諸堂塔には触れられない。諸仏像では盧舎那仏の造顕が強調され[26]、これらと聖武天皇家との関わりが主張されていたのである。

むすび

以上、ⓐ「聖武天皇伝」、ⓔ「孝謙天皇伝」の内容・性格について検討してきた。その結果、これらは、聖武天皇とその一家が仏法興隆を進め、金鍾寺・羂索院から東大寺へと発展したこと、その中で盧舎那仏・大仏殿が造られ、東大寺の中心として重視されたこと、また戒師招請の結果、外国僧が来日し、東大寺では戒壇院・戒壇が設けられ、授受戒が行われたこと、また、外国僧をはじめ高僧たちが活動して仏教が栄えたが、その高僧たちは東大寺と関わりを持ったことなどを主張していると考えられるにいたった。ⓑ「后・皇子」、ⓓ「延暦僧録文（勝宝感神聖武皇帝菩薩伝）」の引用も、これを補強するものであった。

では、以上のような「原本願章」をもつ『原要録』をどのようなものとして理解したらよいであろうか。久野修義氏は、序文を分析して、『要録』の性格について重要な視点を提示した。それによると、『要録』は中世寺院としての東大寺にふさわしい縁起をめざして作成され、聖武天皇本願観、寺—天下同調史観[27]などを主張していることを指摘した。また前者については、同時にそれが揺らいでいることも指摘している。すなわち『要録』は、聖武天皇を本願とし、聖武天皇のもとで東大寺が興隆したこと、東大寺の興廃と天下の栄枯盛衰とは連動していること主張している、とするのである。

この指摘は妥当であるが、久野氏が指摘しなかったこととして、

「原本願章」からは、東大寺が六宗三学の高僧と有縁であるという主張があることがうかがえる。高僧たちが東大寺とかかわることによって、東大寺は仏法興隆、戒律普及の寺となり得ているとされている。「原本願章」の成立時点では、東大寺では律は必ずしも重要視されてはいなかったが、中世寺院にふさわしい縁起を求めて過去を振り返った時、戒律の原点としての東大寺に注目したと考えられる。

以上、『原要録』がいかなる構造を持っていたのか、そこにおいて何が主張されていたのかを「原本願章」によって見てきた。今後は、以上の「原本願章」によって考えたことが、『原要録』の全体についても妥当するのか、それとも別の要素が加わるのか、検討していかねばならない。さらに、『原要録』にその後追補がなされて現在の『要録』へと成長してきたが、それによって『要録』の主張点に変化があったと見られるが、その変化の内容を見極めることが重要である。このような大きな課題があるが、後日を期すこととしてひとまず擱筆することとする。

（さかえはら　とわお・東大寺史研究所）

註

（1）『丹鶴叢書』辛亥帙（一八五一年〈嘉永四〉）

（2）『続々群書類従』第十一宗教部（国書刊行会、一九〇七年二月）

（3）筒井英俊校訂『東大寺要録』（全国書房、一九四四年一月、改訂版、国書刊行会、一九七一年十二月）

（4）東大寺要録研究会については、栄原「序」（栄原永遠男・佐藤信・吉川真司編『東大寺の美術と考古（東大寺の新研究1）』法藏館、二〇一六年三月）に整理しておいた。

（5）ADは『奈良美術研究』（校倉書房、一九六二年十月）に再録された。

（6）DではABCの論点を再論している部分があるが、新しく付け加えられた点を中心に整理する。

（7）久野修義「中世東大寺と聖武天皇」（『日本中世の寺院と社会』塙書房、一九九九年二月、もと『仏教史学研究』三四ノ一、一九九一年七月）

（8）筒井本は「裏書」とするが、醍醐寺本によると「表書」である。

（9）神亀元年二月即位。

（10）冒頭に「以御願文十二月二日」とあるが、その意味はとりにくい。

（11）もう一つの「表書」ⓞは「東大寺要録巻第一」という奥題のさらに後ろに書かれているものである。内容は、廃疾と篤疾の説明である。ⓐの天平八年七月辛卯条の「鰥寡惸独、廃疾篤病者」の部分に「六十無妻云鰥、五十無夫云寡、久病」という書込みがある。ⓞはもとこの付近に記入されていたものが、現在の位置に移して写されたのではなかろうか。

（12）寛乗が重複引用に注意していたことについてはいくつか根拠があるが、とりあえずⓝ「法花会縁起」を例として示しておく。これは諸院章の羂索院の項（桜会縁起）、諸会章の三月の項（法花会縁起）に引用されている。これらの全体は雑事章之二に「東大寺桜会縁起」として見えるが、それによると、寛乗は諸院章・諸会章の引用部分との重複を避けてⓝの部分を引用していることがわかる。

（13）なぜ天平十八年と十九年の間が境となるのかという点については、今のところ考えがない。

（14）(イ)(ニ)は、日について干支だけで序数がない。序数部分が欠落したとみるか、(ハ)(ヘ)(ト)(チ)(リ)とは別系統の史料からの引用とみるか、いずれか成案がない。

（15）現在九断簡に分かれている。『大日本古文書（編年）』の巻ページのみをあげる。九ノ六三二～六三五＋九ノ六三五＋二ノ七二二～七二三＋二ノ七二一～七二二＋二ノ七二四～七二六＋二ノ七二三～七二四＋二ノ七二六・二～一二行目＋二ノ七二七～七二八＋九ノ六三五～六三六

（16）福山敏男『奈良朝の東大寺』（高桐書院、一九四七年四月）、同「東大寺の成立」「東大寺伽藍の成立」（ともに『寺院建築の研究　中』福山敏男著作集二、中央公論美術出版、一九八二年十月）、栄原永遠男「福寿寺と福寿寺大般若経」（塙書房、二〇〇三年五月）、山下有美『正倉院文書と写経所の研究』（吉川弘文館、一九九九年一月）

（17）天平勝宝四年八月二日条によると、隆尊が「上宮」で華厳経を講じたとある。この「上宮」が東大寺の「上院」であれば、東大寺と関係する

唯一記事であることになる。
(18) 隆尊は大仏開眼会の講師で、序においても「耶婆提之化人」として特記されている。『原要録』では隆尊の評価は高かったとみられる。
(19) ③が多くの構成要素から成ることは、本節で明らかにしたとおりである。これらが単一の文献からの引用であるのか、それとも東大寺年代記・聖武天皇一家の記録・高僧伝集成などのようなものが存在し、それらから別々に引用されたのか、私には今のところ判断できない。
(20) 『続日本紀』天平十六年(七四四)閏正月乙亥(十一日)・丁丑(一三日)条。
(21) 『続日本紀』天平勝宝元年(七四九)四月甲午朔条
(22) 『続日本紀』天平勝宝元年四月甲午朔、同七月乙巳(一三日)条
(23) 岸俊男『日本古代政治史研究』(塙書房、一九六六年五月)。なお『万葉集』巻一八には「東大寺之占墾地使僧平栄」が見える(四〇八五題詞)。
(24) 清田美季「奈良・平安時代の寺院政策と天皇—檀越としての天皇と官家功徳分封物—」(『南都仏教』九六、二〇一一年十二月)
(25) 註(7)久野修義論文
(26) これに伊勢大神宮との関係が追加されてくることになる、
(27) 久野氏は、勅書銅板を媒介にして指摘したが、寺—天下同調史観は序文そのものにも見える。

草創期の東大寺僧に思いをはせて

森本公誠

はじめに

現在、東大寺の子弟は中学生か高校生のときに得度を受けて出家の身となる。むろんまだ徒弟である。得度は夏休中に行われるから、早速諸堂での朝の勤行に出仕し、お経の稽古に参加する。お経の意味はともかく、節を覚えるのである。徒弟でも当役になれば、そのお経を唱える。こうして、少しずつ法要の場になじんでいく。大学の学部を卒業し、大学院生ぐらいになると、初めてお水取り、修二会に参籠する。「新入《しんにゅう》」という。およそ一ヵ月間、古参の練行衆とともに合宿して、日夜稽古に、本行にと励む。普段の学生生活とはまるで違う日々を体験する。暗中模索と言った状態である。私も、初めて参籠したときには別世界に入ったような感覚を味わった。

修二会では参籠三回目で「神名帳」を奉読する。日本の神々の名を連ねたもので、たまに他所の土地で、神名帳で読んだ神社に巡り合うと、こんなところにあったのかと、懐かしい気分になる。参籠五回目になると、「新過去《しんかこ》」といって、『東大寺上院修中過去帳』を読む役がまわって来る。東大寺の建立や復興に尽くされた人々の名前を連ねたもので、むろん聖武天皇から始まっており、名前を読み上げることによって、それらの人々の菩提を弔うのである。

そこで最初は丁寧に読むのであるが、その速度は次第に早くなり、やがては緩急と抑揚の効いた節を付けて声高らかに読み上げ、謡曲まがいの調子となる。それでも大変な人数になるから鎌倉時代以降は、駆け足のように早口で読み進む。読み終えるにはおよそ小一時間かかる。したがって、みずからも満足できる読み方になるまで、練習に励んで繰り返し読む。さもなければ、奉読される過去者たちも浮かばれないだろう。そんなことで、まずは先輩から節付けの書き入れがある読み本を借りて、自分用に筆写するのである。

何しろ、『過去帳』には歴史上の人物が多く登場する。東大寺の人間であれば、こんな人も東大寺のために尽くされたのかと、おのずと親しみを覚えるようになる。だが、なかには不思議な名前やなぜそう読むのか、疑問に思われる人も出てくる。そこで、いつかはよく調べないといけないと、『過去帳』の当役を務めていたころはよく思ったものだった。しかし、実際のところはほとんど手を付けずに、ただ年月を過ごしてしまった。

今回のGBSは栄原先生の『東大寺要録』研究会との合同のシンポジウムとなったが、そこに特別講話の役目が私にまわって来た。私は要録研究会に何度も出席していたこともあり、この際、『要録』を参照しながら改めて『過去帳』を吟味し、与えられた役目を果たそうと思い立った。今日はこれまで調べて分かった結果をそのままの形で報告しようと思う。なお基礎資料として「過去帳注解」を別表の形で用意した。適宜これを参照しながら、取り上げるべき問題について考えてみたい。

一　東大寺上院修中過去帳注解

(一)　知識物の実態

さて注解に掲げた写真は、現在二月堂内に納められている巻物の『修中過去帳』の冒頭部分である。江戸時代に『過去帳』を二本筆写し奉納した人物がいるので、これはその一本であろう。『過去帳』の内容を順次検討したいが、便宜上番号を振ってみた。長くなるので、ここでは76番の弘法大師空海まで列記した。最初の聖武天皇から9番目の実忠までは注解を省略した。

14番の「造寺ノ知識功課人」というのは、東大寺造営の寄進者と功労者は以下の通り、ということである。15番から20番までは功労者で、『続日本紀』にも載っている人たちである。そのあと21番から24番までは、『要録』所収の『造寺材木知識記』という文献からの引用部分に相当する。ただし、『要録』では、22番の「役夫ノ知識」は「知識」の語がなく、「役夫」が24番にもあって、二重に登録された形になっている。したがってこれは『過去帳』の方が正しいであろう。それぞれの人数の数字は両者とも一致する。端数の付いた人数は、造東大寺司による何らかの仕訳と集計の詳細な記録が存在したことを思わせる。

21番「材木ノ知識」は「材木など様々な用材もしくは値の寄進者」。22番「役夫ノ知識」の「役夫」は「食料・賃金を支給する雇役によって使役される人夫」で、実際には24番にその人数が明記されているので、ここではみずから夫役を申し出た者を指すか、それとも役夫料を寄進した者を指すか不明である。

23番「金ノ知識」については「大仏鍍金用の沙金もしくは沙金料の寄進者」としたが、それは「金」をゴールドと解釈してのことで、奈良時代、金は「くがね」と読み、銀は「しろがね」と読んだ。『過去帳』では「こがね」と読むが、「くがね」がいったいいつごろから「こがね」という読みに変わったのかはわからない。

一方、奈良時代には「小金《こがね》」という人名はよくある。また小金は、小銭がこまかなお金を指すように、わずかなお金を意味するので、金銭を指すことも考えられる。なお「お金」という用語は後世に始まるようである。

こうして、材木・役夫・金《こがね》の各知識のより具体的な内容は確かめようがないが、それでもこれらは何らかの意味での寄進者ということは間違いない。この寄進者と役夫の人数を集計すると、およそ二六〇万人という、まさに膨大な人数になる。二六〇万人は当時の日

東大寺上院修中過去帳注解

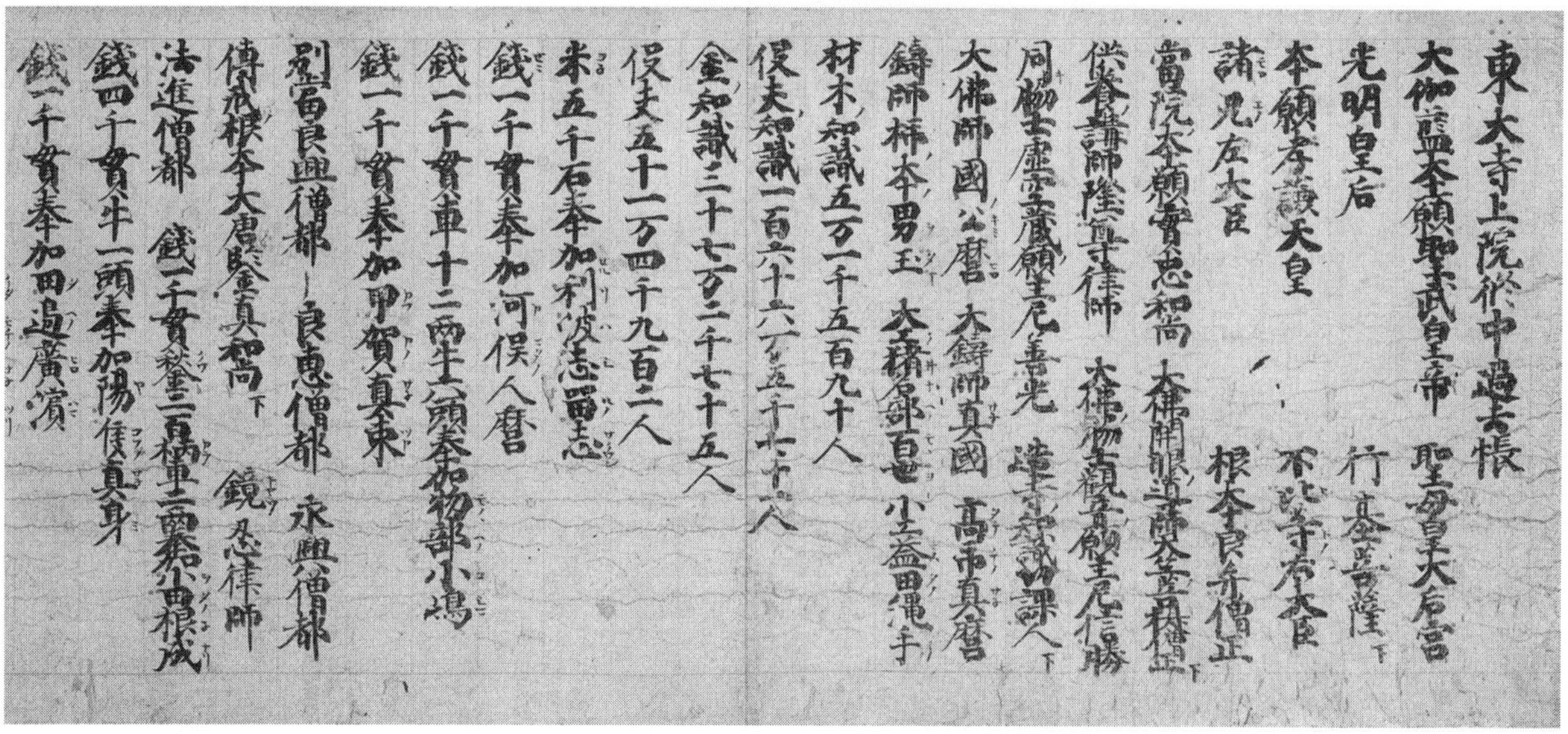
東大寺上院於中過去帳
大伽藍本願聖武皇帝　聖母皇大后宮
光明皇后　行基菩薩 下
本願孝謙天皇　不比等右大臣
諸兄左大臣　根本良弁僧正
當院本願實忠和尚　大佛開眼導師天竺菩提僧正 下
供養講師隆尊律師　大佛脇士観音願主尼信勝
同脇士虚空蔵願主尼善光　造寺知識功課人 下
大佛師國公麿　大鋳師真國　高市真麿
鋳師柿本男玉　大工猪名部百世　小工益田縄手
材木知識五万一千五百九十人
役夫知識一百六十六万五千七十一人
金知識三十七万二千七十五人
役夫五十一万四千九百二人
米五千石奉加利波志留志
銭一千貫奉加河俣人麿
銭一千貫車十二両牛六頭奉加物部小嶋
銭一千貫奉加甲賀真束
別當良興僧都　良恵僧都　永興僧都
傳戒根本大唐鑑真和尚 下　鏡忍律師
法進僧都　銭一千貫稲二百束車二両奉加小田根成
銭四千貫牛一頭奉加陽侯真身
銭一千貫奉加田邊廣濱

	奉　読	本　名	注　解
1	大伽藍《だいがらん》本願聖武皇帝《ほんがんしょうむこうてい》	聖武天皇	701～756年（略）
2	聖母皇大后宮《しょうもこうだいごうぐう》	藤原宮子	～754年（略）
3	光明皇后《こうみょうこうぐう》	光明皇后	701～760年（略）
4	行基《ぎょうぎ》菩薩	行基	668～749年（略）
5	本願孝謙天皇《ほんがんこうけんてんのう》	孝謙天皇	718～770年（略）
6	不比等右大臣《ふひとのうだいじん》	藤原不比等	659～720年（略）
7	諸兄左大臣《もろえのさだいじん》	橘諸兄	684～757年（略）
8	根本良弁僧正《こんぽんろうべんそうじょう》	良弁	689～773年（略）
9	当院本願実忠和尚《とういんのほんがんじっちゅうかしょう》	実忠	生没年不詳。弘仁６年（815）に85歳。（別記）
10	大仏開眼導師天竺菩提僧正《だいぶつかいげんのどうしてんじくのぼだいそうじょう》	菩提僊那	704～760年　736年来朝。751年に僧正。没年57歳。
11	供養講師隆尊律師《くようのこうじりゅうぞんりっし》	隆尊	～760年　元興寺僧。751年に律師。没年55歳。
12	大仏脇士観音願主尼信勝《だいぶつのきょうじかんのんのがんじゅにしんしょう》	尼信勝	～752年　坂田寺尼。天平年中、優婆夷貢進。752年大仏開眼会の献物牌に名。
13	同　脇士虚空蔵願主尼善光《おなじききょうじこくうぞうのがんじゅにぜんこう》	尼善光	～762年？　法華寺尼。752年大仏開眼会の献物牌に名。
14	造寺知識功課人《ぞうじのちしきこうがのひと》	同	東大寺造営に当り、趣旨に賛同して寄進した人々と功績ある仕事をした人々。
15	大仏師国公麻呂《だいぶっしくにのきみまろ》	国君麻呂	～774年　公麻呂とも。祖父は百済人の国骨富。745年に外従五位下。746年に金光明寺造物所の造仏長官、747年に遠江員外介を兼務。758年に国中連に改姓。761年に造東大寺次官、768年に但馬員外介。
16	大鋳師真国《だいいもじさねくに》	高市真国	続紀には大国。748年に外従五位下、同年連姓に。750年に正五位下。
17	高市真磨《たけちのさねまろ》	高市真麻呂	750年に外従五位上（下）。
18	鋳師柿本男玉《いもじかきのもとのおだま》	柿本男玉	小玉とも。749年に外従五位下。
19	大工猪名部百世《いなべのももよ》	猪名部百世	758年の文書に正六位上木工寮長上と。767年に外従五位下。
20	小工益田縄手《しょうくますだのただて》	益田縄手	756年の文書に大工正六位上と。757年に外従五位下。764年に従五位下。765年益田連に。越前国足羽郡の人。
21	材木知識《ざいもくのちしき》五万一千五百九十人	材木知識	材木など様々な用材もしくは値の寄進者。

	奉読	本名	注解
22	役夫《やくぶの》知識《ちしき》 一百六十六万五千七十一人	役夫知識	要録には知識の語なし。役夫は食料・賃金を支給する雇役によって使役される人夫。次々行にその人数が明記されているので、ここでは自ら夫役を申し出た者を指すか、それとも役夫料を寄進した者を指すか不明。いずれも含むか。
23	金《こがねの》知識《ちしき》三十七万二千七十五人	金知識	大仏鍍金用の沙金もしくは沙金料の寄進者。
24	役夫五十一万四千九百二人	役夫	雇役によって実際に造寺事業に従事した人夫。
25	米《よね》五千《ごせん》石奉加《ほうがせる》利波志留志《りはしるのさくわん》	利波志留志《となみのしるし》	礪波臣志留志 越中国礪波郡の豪族。747年に米（続紀では三千石）を献じて無位から外従五位下。767年に越中員外介、墾田一百町を献じ従五位上。越中国礪波・射水・新川三郡の東大寺未開田地410町余の検校使（専当国司）。779年に伊賀守。
26	銭一千貫《ぜにいっせんがん》奉加《ほうがせる》河俣人麿《かまだのひとまろ》	河俣人麻呂	河俣連人麻呂　河内国若江郡川俣郷の豪族。747年に銭一千貫を献じて大初位下から外従五位下。
27	銭一千貫《ぜにいっせんがん》車《くるま》十二両《じゅうにりょう》牛六頭《うしろくず》奉加《ほうがせる》物部小島《もののべのこじま》	物部小島	続紀に物部連族子嶋。748年に外大初位下から外従五位下。
28	銭一千貫奉加甲賀真束《こうがのさねつか》	甲可真束	748年に外従六位下から外従五位下。続紀に田可臣真東。田可臣なら近江国犬上郡田可郷の氏族。要録に甲賀真東。甲可（賀）臣なら近江国甲可郡の氏族。
29	別当《べっとう》良興《りょうこう》僧都《そうず》	良興	761年に任？　寺務４年。良弁弟子。
30	良慧《りょうえ》僧都《そうず》	良恵	765年に任？　寺務５年。良弁弟子。
31	永興《ようこう》僧都《そうず》	永興	758年の興福（山階）寺牒に上座法師。770年別当に任？寺務４年。良弁弟子。772年十禅師の一人と。
32	伝戒《でんかいの》根本《こんぽん》大唐《だいとうの》鑑真《がんじん》和尚《かしょう》	鑑真	688～763年（略）
33	鏡忍《きょうにん》律師《りっし》	鏡忍	～784年　740年の審祥の華厳経講説に慈訓・円証とともに複師。750年に尾張国国師。774年に律師。良弁の弟子。
34	法進《ほっしん》僧都《そうず》	法進	～778年　唐揚州白塔寺の僧。鑑真の弟子。753年に鑑真とともに来日、翌年東大寺に入る。756年に律師。760年に良弁・慈訓らと僧の位階を奏上。763年の鑑真の没後に戒和上。770年には大僧都。没年70歳。
35	銭一千貫鍬二百柄《くわにひゃくから》車二両《くるまにりょう》奉加《ほうがせる》小田根成《おだのねなり》	小田根成	備中国小田郡の氏族。749年に外従八位上から外従五位下。同時に他田舎人部常世も外従五位下。
36	銭四千貫牛一頭《うしいちず》奉加《ほうがせる》陽侯真身《やこうのさねみ》	陽侯真身	陽胡史真身とも。祖先が百済僧観勒から暦法を習ったとの伝。722年に養老律令撰定者の一人として功田四町。735年に外従五位下。738年に豊後守。741年に河内と摂津の国堺にかかる淀川の堤防をめぐる争いに他の官人と立ち会う。この年但馬守。748年に外従五位上から従五位下。749年に真身の息従七位上陽侯史令珎・同正八位下令珪・同従八位上令璆・同従八位下人麻呂、各々銭千貫を貢ぎ、並びに外従五位下。757年に功田四町の子への相続を認可さる。
37	銭一千貫奉加田辺広浜《たべのひろはま》	田辺史広浜	749年に従六位上から外従五位下。757年から従五位下、上毛野君姓。758年に播磨介で従五位上。761年に遣唐使船建造のため安芸国に派遣。764年に近江介。
38	銭一千貫奉加板茂真釣《いたもちのさねつり》	板茂真釣	板持連真釣とも。板持は河内国錦部郡の地名。768年に外従五位下伊予介。770年に外従五位上。
39	布二万端《ぬのにまんだん》奉加漆部伊波《うるしべのこれなみ》	漆部伊波	多分知識により748年に従七位上から外従五位下。760年に佐渡守。764年に恵美押勝の乱の功により従五位下。765年正月に勲六等、12月に右兵衛佐。766年に大和介。768年に

	奉　読	本　名	注　解
			相模宿祢と賜姓、相模国造。相模国の豪族出身か。
40	稲十万束屋十間倉五十三間地五町施入夜国麻呂《やのくにまろ》	大友国麻呂	要録も夜国麻呂。夜国麻呂は大友国麻呂の誤り。知識物により748年に外少初位上から外従五位下に特進。近江国滋賀郡大友郷の氏族。正倉院文書によれば、知識物のうち1束当り20文の稲と15文の稲と計4万4712束が売却されて売値674貫110文、同様に宅地の売値10貫文、価格の異なる倉計16間の売値10貫750文、合計の売値694貫860文が造東大寺司に収納された。
41	大炊天皇《おおいのてんのう》	淳仁天皇	733～765年　舎人親王の第7王子。大炊王。藤原仲麻呂に擁立されて即位したが、仲麻呂の謀反により廃位。大炊天皇・淡路廃帝などと。明治3年に淳仁天皇と追贈。
42	華厳大学頭善福《ぜんぷく》	善福	747年・751年には沙弥善福。757年には善福師。
43	大学頭春福《しゅんぷく》	春福	749年に智璟を講師とする華厳経講説に澄叡とともに複師。758年に堂官僧の一人として金剛般若経300年巻を検受。
44	小学頭円徳《えんどく》	円徳	実忠が3度務めた三綱の上座の2度目の寺主。
45	軌耀《きよう》法師	軌耀	760年に東大寺写経所に法花疏、音訓、音義を請う書状あり。
46	澄叡《ちょうえ》法師	澄叡	～817年　749年に智璟を講師とする華厳経講説に春福とともに複師。771年に講演のため造東大寺司に菩薩善戒経等奉請し講僧として自署。
47	興三論宗慚安大徳《さんろんじゅうをこうぜるざんなんだいとく》	慚安	要録に記載なし。756年に東大寺写経所の請経の使。772年に大学頭として自署、同じく東大寺奴婢籍帳に可信伝灯法師として自署。
48	満位秀忍《まんにのしゅうにん》	秀忍？	要録・大日古に記載なし。
49	満位神範《まんにのしんぱん》	神範	要録に記載なし。751・752・755年に東大寺写経所の請経の使。
50	忠恵律師《ちゅうえりっし》	忠恵	良弁の弟子。759年に鑑真の伝えた法励四分律疏・鎮国道場檀餝崇義記を近江で講じる。774年に別当、4年務める。
51	霊義僧都《りょうぎそうず》	霊義	良興の弟子。778年に別当、5年務める。少僧都。
52	興法相宗明一僧都《ほっそうしゅうをこうぜるみょういちそうず》	明一	～798年　東大寺法相宗の僧。俗姓和仁部臣、大和国添上郡の人。744～747年に沙弥として東大寺写経所の返送の使。748年に慈訓師への請経の使。752年に盂蘭盆経講師。755・756年に造東大寺司長官佐伯今毛人の宣により雑集論疏等請われる。787年に三綱上座伝灯大法位と。没年71歳。のちに興福寺別当となる行賀が31年の在唐から帰国、東大寺明一の宗義の難問に答えられず、明一が「粮を両国に費やし、学殖膚浅、何ぞ朝寄に違うや」と罵ったので、行賀は恥じたという。
53	明秀大徳《めいしゅうだいとく》	明秀	東大寺法相宗の僧。大法師。
54	満位玄愷《まんにのげんがい》	玄愷	東大寺法相宗の僧。大法師。752年に東大寺法性宗所へ請経の使。764年に良弁の判許により造東大寺司より請経。772年に東大寺寺主、同寺大寺主兼大学頭大法師として自署、寺主伝灯大法師。
55	興成実宗満位賢琳《じょうじつしゅうをこうぜるまんにのげんりん》	賢琳？	要録・大日古に記載なし。要録「成実宗」割注に「東大寺伝灯満位僧賢融」。賢融は智憬請啓に成実宗維那と。
56	興倶舎宗善報《くしゃしゅうをこうぜるぜんほう》	善報	東大寺倶舎宗の僧。751年の倶舎宗牒に大学頭僧、大学頭法師として自署。776年の六宗未決に東大寺大律師。780

	奉　読	本　名	注　解
			年・781年に東大寺三綱上座大法師。
57	満位《まんにの》勝貴《しょうき》	勝貴	東大寺倶舎宗の僧。751年に良弁の宣により倶舎宗大学頭所への請経使。東大寺維那僧として倶舎宗牒に自署。同じく維那僧として倶舎衆より写一切経司政所へ使。764年に小寺主として香山薬師寺牒に自署。776年の六宗未決に伝灯満位僧。
58	大供大学頭《だいくのだいがくとう》性泰《しょうたい》	性泰	746年に厳智を講師とする華厳経講説に複師。748年花厳供所牒の自署をはじめ、性泰が係る文書多数。翌年も同様。766年に寺主進守大法師として三綱牒に自署。769年香山薬師寺三綱牒に同寺大鎮兼東大寺々主修学進守大法師として、また780年に威儀師伝灯大法師位として自署。
59	大学頭《だいがくとう》勝康《しょうこう》	勝康	761年に山背国宇治郡大国郷の矢田部造麻呂の家地１段を直銭１貫500文で買得。
60	小学頭《しょうがくとう》奉基《ぶうき》	奉基	要録・大日古に記載なし。776年の東大寺六宗未決義に署名、ときに小学頭、伝灯入位僧。
61	白壁天皇《はっぺきてんのう》	光仁天皇	709～781年　諱は白壁。（略）
62	等定僧都《とうじょうそうず》	等定	～800年　河内国西琳寺の大鎮僧。実忠の弟子。桓武天皇の師範。783年に東大寺別当、寺務５年。790年に律師。791年最澄の修行入信の度牒に、師、伝灯大法師位。797年に大僧都。799年に年80歳にして大僧都辞退を許される。
63	永学僧都《ようがくそうず》	永学	要録・大日古に記載なし。
64	世不羈王子《せぶきのおうじ》	世不羈	要録に文武天皇第２王子、良弁僧正弟子、876年に田園施入と。
65	造寺官《ぞうじのつかさ》佐伯宿祢今毛人《さえきのすくねいまえびす》	佐伯今毛人	～790年　743年以降東大寺造営に加わる。745年に従七位下。746年に従七位上大養徳少掾。748年に造東大寺司次官兼大倭少掾。750年に正五位上。755年より造東大寺司長官（758年を除く）763年まで、従四位下。775年遣唐大使となるも病で渡唐せず。779年大宰大弐。781年に正四位上。782年左大弁、従三位。784年に参議。785年に正三位、民部卿。786年に大宰帥、789年に致仕。没年72歳。
66	造寺長官《ぞうじのちょうがん》吉備大臣《きびだいじん》	吉備真備	695～775年（略）
67	禅雲律師《ぜんうんりっし》	禅雲	791年に東大寺別当、寺務４年。等定の弟子。
68	桓武天皇《かんむてんのう》	桓武天皇	737～806年（略）
69	湛久君《かんきゅうきみ》	湛久君《たんきゅうきみ》	桓武天皇皇子。良恵の弟子。795年に別当。
70	井上親王《いがみのしんのう》	井上内親王	～775年　聖武天皇女。白壁王の（光仁）の妃、770年に皇后、772年廃后。実子他戸親王も廃太子。
71	安積親王《やすづみのしんのう》	安積《あさか》親王	728～744年　聖武天皇皇子。
72	不破内親王《ふわのないしんのう》	不破内親王	795年以降没。聖武天皇女。塩焼王の妻。
73	崇道天皇《しゅどうてんのう》	早良親王	750～785年　光仁天皇皇子。同母兄桓武天皇即位時に皇太子。785年藤原種継暗殺事件に連座の疑いで廃され、淡路への移送の途中死去。
74	嵯峨天皇《さがのてんのう》	嵯峨天皇	786～842年（略）
75	定興律師《じょうこうりっし》	定興	803年に別当。寺務３年。
76	興真言宗根本弘法大師《しんごんしゅうをこうぜるこんぽんこうぼうだいし》	空海	774～835年（略）

本の人口からすると、およそ半分に当たるともいわれている。

さて、寄進財のことを知識物というが、正倉院文書はその実態について明らかにしてくれるので、その一端を紹介したい。

大仏の造立をはじめ、東大寺の造営や各種の付帯事業はむろんのこと、知識物の収納や労働奉仕者の受け入れなど、東大寺に係わるあらゆる事務的業務は、造東大寺司という役所で仕切られた。正倉院文書のなかには、この造東大寺司が行った知識物の処理の一端をうかがわせるものがある。

正倉院には丹《たん》、つまり赤色顔料にもガラスの原料にもなる鉛の酸化物の包みが一二八個伝来していて、これを丹裹《たんか》というが、その包紙には、造東大寺司で不要となった反故《ほご》文書を再利用したものが多く、その記載内容が注目されることから、これらを一括して「丹裹文書」と呼んでいる（挿図参照）。

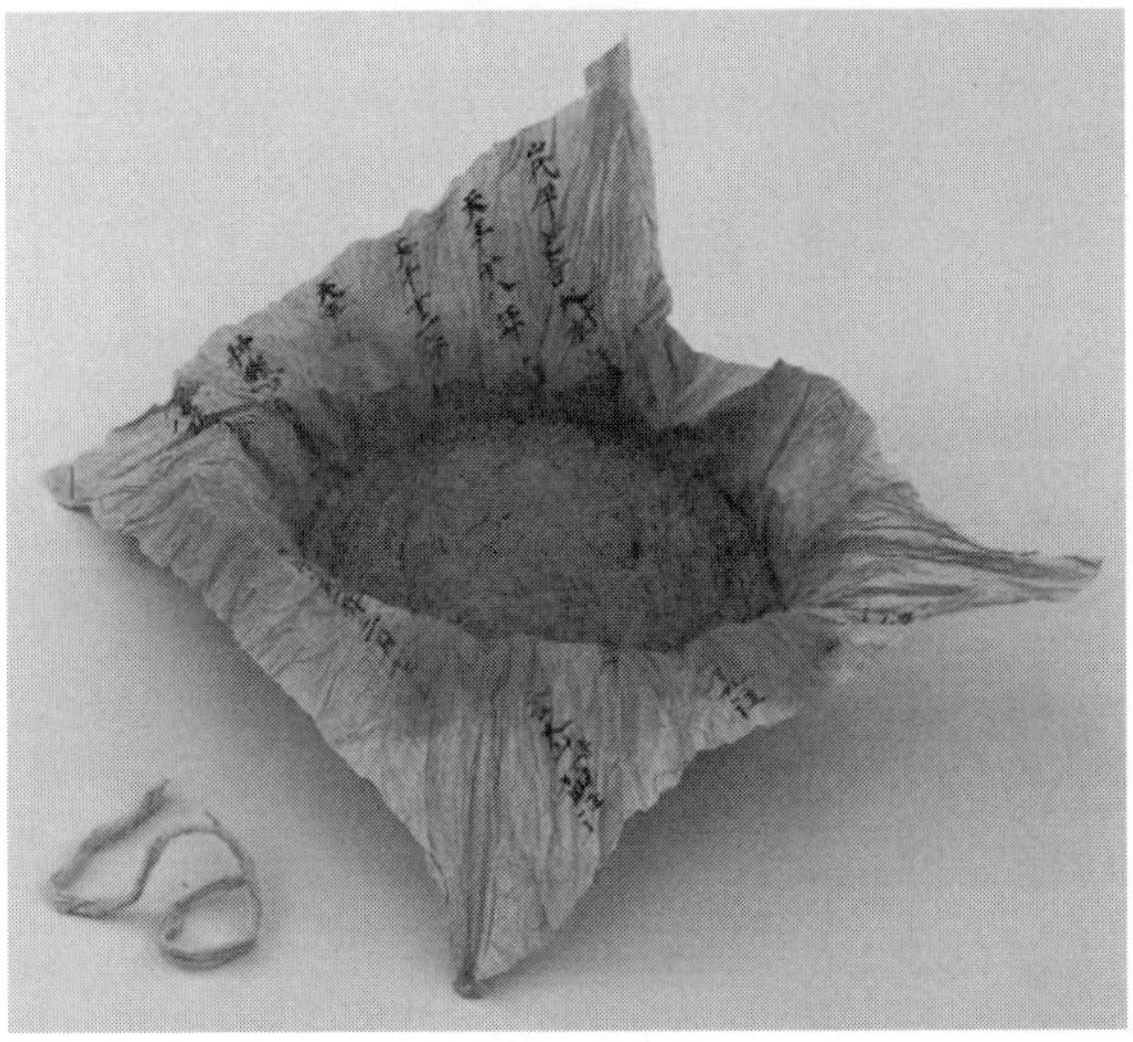

丹の裹を開いたところ（正倉院宝物）

この一連の文書のなかに、金光明寺造物所、のち改称されてなった造東大寺司が収納した銭に関する断簡がAからFまで六片存在する（A断簡『大日本古文書』—以下大日古と略称—二四巻三一五〜三一六頁、C断簡同二五巻九六〜九七頁、E断簡同二五巻六九〜七〇頁、F断簡同二五巻九九〜一〇〇頁）。

この「種々収納銭注文」と呼ばれる文書は、大仏造立が再開され

A断簡

合收納錢
（異筆、下同ジ）
①「内」「合」六百貫從内裏給出、五百貫銀直 一百貫雜用分 「來十七年　九月十六日」
②「合」一千六百九十四貫九百卌文糸九千九百七十九斤直、〈來十七年十月八日〉「十九年五月廿七日」
③「甲」「合」一千九十四貫八百七文自甲可寺來、「合」一度五百五十文「合」一度八百九十貫「合」一度二百四貫二百五十七
「第二度十七年十月十四日」
④「國」「合」七十六貫六百九文伊豫國智識物、「十七年八月廿五日納」
⑤「甲」「合」七貫四百文自甲可來功德絁十匹直所賣、「十七年九月十四日納」
⑥「甲」「合」八百文自甲可來知識物、右衛士府所進「合」又卅文此出智識
⑦「金」「合」十三貫自金光明寺奉納者、十七年十二月八日
⑧「金」「合」三貫自同寺奉納、「合」「金」又十四貫同寺奉納、
⑨「合」三百「神」七十「六十七十」文八幡太神奉納米運功殘、卽米之内五俵賣、卽漕功用耳、*「所殘」
⑩「合」一千七百六十文功德紙知識紙三千五百五十張直、七止止止
⑪「合」□四貫七百五十文紙一万張直、
⑫「合」□貫中衛凡海部高足引集進智識物、
⑬「合」十三貫一百十文良弁大德奉納銀仏斤、
「問」「合」卅貫智識物賣直便留者　「合」又一貫七百□文

③	550文
890貫	
+ 204貫	257文
1,094貫	807文

た天平十七年（七四五）から天平勝宝元年（七四九）頃までに収納された銭をあとからまとめて整理した書付らしく、もとは一続きの書類であった。なお参照するA、C、E、Fの各断簡には、理解の便を図るために、各項に番号を振った。

　これら六片の断簡が一続きの書類であったことが判明するのは、A断簡（文書参照）の第②項の「一千六百九十四貫九百卅文、糸九千九百七十九斤直」の内訳がE断簡の一行目に記されていることである。なお一貫は銭一千文に当たる。

　このA断簡を見ると、第①項は天平十七年九月十六日の内裏からの請《うけ》銭で、うち五百貫はおそらく金鍾寺で計画されていた等身大の銀仏を鋳造するための銀材購入資金の一部に充てるもの。第③項は天平十七年から十九年にかけて、甲賀寺から数度にわたって収納した銭を合計したもの（左下囲み内計算式参照）。第④項は伊予国から智識物として収納したもの。第⑥項は甲賀寺に派遣されていた右衛士府の衛士が智識物として甲賀寺を通じて納めたもの。そのような具合で、第⑫項は中衛府の凡海部高足《おほしあまべのたかたり》が個人として集めたもの。第⑬項は金鍾寺の良弁大徳が銀仏料として奉納したものである。

　同様にして次のC断簡（文書参照）では、中央官司の雅楽寮、大宰府や摂津国の地方官司、舎人狛廣國・鵤寺（法隆寺）泰鏡・藤原朝臣古袁波ら個人など、それぞれの知識銭が収納されている。また七人で十四文、つまり一人で二文といった極めて小額の寄進も、同じ知識銭として集められ、記録されていることが注目される。第⑪項は、地域は不明ながら六〇〇戸から納められた知識物を売却して得た値で、その内訳が第⑫項以下に示され、六〇〇戸の庶民が調布や租布、真綿や麻布など現物をもって知識物として寄進したことを物語っている（左下囲み内計算式を参照）。

　これら二つの断簡は日付を追っての収納銭の記録であるが、これによって先ほどの材木・役夫・金の各知識のような仕訳をすることは不可能で、別途文書が作成されたのであろう。いずれにしても、当時の造東大寺司という官僚組織がかなり高度の会計処理能力を持っていたことが知られるのである。

C断簡

① □一貫文大（太）宰府進智識物「十八年九月」（内包裏）
② 「合」二百文舎人狛廣國知識「十八年九月」
③ 「合」一貫鵤寺僧泰鏡知識
④ 「合」一百卌三文吉倫マ兄万呂知識「又一百文知識「合」「无位眞主□」
⑤ （異筆、下同ジ）「司」「合」一貫雅樂寮知識　「合」又七十二文　又廿文「左兵衛□臣大國」
⑥ 「司」「合」五貫十三文津國知識　「又十四文」「七人」
⑦ 「止」六百八十八文知識　十四文七人
⑧ 「合」一百廿二貫藤原朝臣古袁波知識
⑨ 「内」「合」二百七十九文知識
⑩ 「合」一百六十文知識
⑪ 「止」三百六十九千七百十文　六百戸物直（知識物）
⑫ 「合」六十九貫九百文　卌五貫九百文調布百卅五端直別三百卌文　廿四貫租布二百段直別一百廿文
⑬ 「合」卅一貫七百廿文　綿三百七十屯別六十文直廿二千二百文　布廿八端別三百卌文直九千五百廿文
⑭ 「止」九十五貫一切經料綿廿七屯直

⑫　45貫900文⇐調布135端×340文／端
　＋24貫　　⇐租布200端×120文／端
　　69貫900文

⑬　綿370屯×60文／屯＝22貫200文
　＋布28端×340文／端＝ 9貫520文
　　　　　　　　　　　31貫720文

次に『過去帳』に戻って、25番から28番、間をおいて35番から40番までは、『要録』が引用する『造寺材木知識記』のうち「財物を奉加せる人」として紹介する十人の人物に相当する。『続日本紀』によると、十人以外に注解の35番に記した「他田《おさだ》舎人部常世」と36番の陽侯真身《やこのさねみ》の四人の息子らが銭千貫以上の寄進者と知られるが、『要録』では十人という切りの良いところで、あとは省略したのであろう（『続日本紀』―新古典文学大系12～16、岩波書店、以下続紀と略称―三巻四七、五五、七九頁）。

E断簡

① 「合」一千六百九十四貫九百卅文　糸九千九百七十九斤價
② 　廿斤別三百廿文　六百十斤一百十文
③ 　千四百六十斤二百文　千百六十斤百八十文
④ 　千六百廿九斤百七十文　二千六百九十斤百六十文
⑤ 　千九百卅斤百五十文　廿斤百卌五文
⑥ 　三百七十斤百卌文　五十斤百卅文
⑦ 　卅斤百卅文
⑧ 「合」六百九十四貫八百六十文　大友國麻呂所進稲等直
⑨ 　六百七十四貫一百十文　稲四万七百十二束直
⑩ 　六百八十六束〻別廿文　〔四千〕
⑪ 　四万四千廿六束〻別十五文
⑫ 一十貫文宅舎直（地）

F断簡

⑬ 一間二貫五百文　一間一貫
⑭ 三間各八百文　一間七百文
⑮ 三間各六百文　一間五百文
⑯ 二間各四百文　二間各三百文
⑰ 一間二百五十文　一間二百文
六十貫二百卅九文　銅所人〻所進之中

なおこれら十人の寄進者のうち、25番は利波志留志《りはしるのさくわん》という奇妙な読み方になっている。注解冒頭の写真に見られるように、江戸期の『過去帳』にもそのようにルビが振られているので、かなり以前からそう呼ばれたようであるが、彼は越中国礪波郡の豪族で、利波志《となみのし》留志《るし》という人物である。略歴を注解に記したが、野心家だったらしく地方の豪族が出世するための一つの道を示している。36番の陽侯真身は、『過去帳』では「侯」の字が「俣」となっていて、書き間違っている。

〔倉〕

⑬上	2貫500文×1間	=	2貫500文
⑬下	1貫　×1間	=	1貫
⑭上	800文×3間	=	2貫400文
⑭下	700文×1間	=	700文
⑮上	600文×3間	=	1貫800文
⑮下	500文×1間	=	500文
⑯上	400文×2間	=	800文
⑯下	300文×2間	=	600文
⑰上	250文×1間	=	250文
⑰下	200文×1間	=	200文
(欠落)計			10貫750文

稲

⑩	686束×20文 =	13貫720文
⑪	44026束×15文 =	660貫390文
計⑨	44712束	674貫110文

⑨	稲	674貫110文
⑫	宅地	10貫
	〔倉〕	10貫750文
⑧	合計	694貫860文

もっとも奇妙なのは40番の「夜国《やのくに》麻呂《まろ》」という名前である。『過去帳』を奉読する際にはここまで来ると、咒師専用の香水瓶を下げてもらって、香水を一口だけ飲むことが許される。そのようなわけで、「夜ノ国麻呂」の名は決して忘れることはない。新過去のときはあまり気が付かないかもしれないが、回を重ねると、果たしてそんな名前の人物が存在するのか疑問が湧いて来る。これはどうやら原資料の用紙で、「大友」という字が上下にひしゃげた形になっていたために、「夜」と見誤ったためらしい。『要録』も「夜国麻呂」とあるので、『造寺材木知識記』の編者か、あるいはそれ以前の記録係が読み違えたと思われる。

大友国麻呂は近江国滋賀郡大友郷の氏族で、正倉院丹裏文書E・F断簡には、造東大寺司が彼の寄進財の一部を売却して、その代価を収納した詳しい記録がある。E断簡⑧行目下段に「大友国麻呂所進稲等直」とあり、上にその数字「六百九十四貫八百六十文」とある。⑨行は稲に関するもので、国麻呂は『過去帳』によると、稲十万束を寄進しているが、ここはそのうちの四万四千七百十二束を造東大寺司が売却したことを示している。なお計算の結果をあとから写すときに〔四千〕束の書き漏れがあったようで、それを補って代価計六百七十四貫一百十文を得た。⑩と⑪行はその内訳で、下段の稲の計算式の通りとなる。E断簡⑫行目は宅地の売価一十貫とあり、『過去帳』では地五町を、『要録』では家地三町、栗林二町を寄進したとあるが、この土地とは家地、つまり宅地であることがわかる。ただ十貫が宅地三町の売価なのかどうかはわからない。

F断簡には「大友国麻呂の倉」という明示はないが、推定した計算結果で、そのことが判明する。下段の倉の計算式で示すように、⑬から⑰の内訳を集計して一〇貫七五〇文を得て、これを下段の囲みの計算式のように、稲と宅地の代価と足すと、国麻呂の一部寄進財の売価として記載されている六百九十四貫八百六十文にぴたりと一致する。なお『過去帳』では、国麻呂は五十三間の倉を寄進したとあるから、造東大寺司はそのうちの十六間を売却したことになる。古代の日本にはまだ算盤はなく、どのように計算したのであろうか。

(二)「別当」

ところで、知識物を献じた大口の十人の寄進者のあいだに割って入るようにして、29番から34番まで六人の僧侶が列記されているが、『過去帳』の編者はなぜそのようなことをしたのか、その意図はよくわからない。

29番の別当良興僧都、30番の良慧（恵）僧都、31番の永興僧都は、いずれも『要録』の「別当章」では良弁に継いで第二代から第四代までの東大寺別当を務めたとされている人物である（一六〇〜一六一頁）。しかし、この別当章の第二十五代大徳済棟のところで、編纂者自身が「私云」「二十四代まで虚偽もっとも多し」と注記を加えていることから（一六六頁）、初期の別当系譜というのは、研究者のあいだでは早くから疑問視されてきた。

ちなみにこの当時の「別当」は、もともと本務を有する者が別の職（仕事）に当たることを指していた。あるいは律令制に定める官職とは別途に置かれた職務を別当と称することもあった。八世紀後半の用例を正倉院文書で見ると、ある特定の仕事の責任者の意味で用いられ、造東大寺司のなかにも多数の別当が存在したことがわかる。たとえば天平宝字元年（七五七）の写経所解によると、九月二十一日から十月十五日まで写経事業に携わる所内下級官人延べ八五一人のうち、別当は延べ二十二人と登録されている（大日古四巻二四三頁）。

特定の業務に当たる別当は判官や主典が任命されるが、場合によっては僧侶が当たる場合もあった。たとえば、東大寺文書の神護景雲元年（七六七）八月三十日付の阿弥陀悔過料資財帳では、僧聞崇が別当僧として検閲し、これに平栄が知事大法師として連署している（大日古五巻六八三頁）。

しかし、聞崇は天平勝宝二年（七五〇）以来事務畑の東大寺僧としてしばしば登場する人物であるが、この前後、つまり別当僧となる前年の天平神護二年（七六六）四月の楽具欠失物注文では少都維《つい》那《な》僧、あるいは本三綱少都維那法師として検閲している（大日古五巻五三七、五三八頁）。

別当僧となって翌年、北倉代中間下帳の神護景雲二年（七六八）閏六月の項では、本三綱少都維那法師として自署している（大日古一六巻五七九頁）。したがって聞崇の少都維那という肩書は変わりなく、この間の阿弥陀資財帳での別当僧というのは、聞崇があくまで臨時の仕事の担当者として任じられたための役職名で、のちの別当職のような意味合いはまったくない。

これらの例証によれば、『東大寺要録』「別当章」が述べる「天平勝宝四年五月一日に良弁が初代別当に補せられた」という記事は疑

經所解　申中臺食口事
合單捌伯伍拾壹人 五百卌一人別二外　廿四人別一外六合　七十八人別一外四合 一百卌九人別一外二合　五十九人別八合
廿二人別當　十七人史生已上別一外四合
四百十三人経師　五十三人書師 卅三人書師 八人浤ユ　十二人瑩生
卌二人装潢已上別二外　五十七人校生 卅三人別二外 廿四人別一外六合
五十八人雑使　九十一人仕丁已上別一外二合
卅九人自進別一外四合　五十九人従別八合
以前、起去九月廿一日、盡今月十五日、食口如件、以解、
天平寳(字脱カ)元年十月十五日上馬養

天平宝字元年写経所解（正倉院文書）

(表題)「阿弥陁院寳物目録　　神護景雲元年 無印正文」
阿弥陁悔過
寳殿一基
……（中略）……
失物
水精念珠一貫以天平十七年三月所盗申送沙弥道隆
横笛一管大雪　納紫GS一口以天平十八年七月廿八日所盗
合笙一管班竹長一尺七寸
納沙合纈GS一合長四尺　以寳龜四年所盗
机一前浤　褥一枚表錦 裏浅緑纈 以天平十七年三月廿三日所盗
褥一枚表白綾　裏浅纈　古破
香印坐花二枺　黒柿樻一合
布枚絰四條　以上四種時〻所失
堂幡一首　小幡一首以上二種天平寳字六年三月 為用様奉入家之
右悔過料資財見物、并所失状、注顯如件、
神護景雲元年八月卅日別當僧 聞崇
事知大法師 平榮

阿弥陀悔過料資財帳（東大寺文書）

欠失物伍種
呉女従帛袜壹片　　　　鈪盤撃袜壹両布
酔胡帛汗衫壹領已上二種前一具
崑崙脛裳壹具　　金尉梓持（緋袜壹片）已上二種後二具
右、為用月八日斎會、自倉代請下呉樂二具之内、所欠如件、但以後日成
求将進、
天平神護二年四月廿三日呉服　息人
史生大和　虫麻呂
（別筆）「検察
三綱
少都維那僧聞崇
目代僧　勝行　」

楽具欠失物注文（正倉院文書）

わしくなる。良弁が天平勝宝三年四月に、僧綱の一員として菩提遷那の僧正に続いて、少僧都に任命され（続紀三巻一一三頁）、また東大寺造営の僧侶側の責任者として活躍したことは間違いないところであるが、その翌年に「別当」という肩書を得たとは考えられないのである。『要録』の別当章の初期の部分も含めて、『過去帳』での別当良興僧都らは、『過去帳』の編纂者が、後世に書き加えた名簿をそのまま利用した結果であろう。

（三）「八宗兼学」

次に『過去帳』注解の42番の華厳大学頭善福から60番の小学頭奉基までは連続していて、東大寺の六宗に触れている。ただし律宗が欠落している。東大寺は八宗兼学の寺とかねてから言われており、奈良時代は南都六宗が学ばれ、平安時代になると真言宗と天台宗が加わったとされる。なるほど『過去帳』では、弘法大師空海が真言宗を興したとして名前が挙げられているが、天台宗については触れることがない。

この点、『要録』ではどのように扱われているのか、「諸宗章」を一瞥しておきたい（一五五～一六〇頁）。諸宗章は前文に当たる「諸宗事」と「華厳」「三論」「法相」「律」「成実」「倶舎」「真言」「天台」の各宗の項目からなる。

当然ながら「華厳宗」の記述がもっとも詳しく、「東大寺華厳別供縁起」が語られる。内容に前後するところがあるので、『続日本紀』の記述も加味して要約すれば次のようになろう。

「良弁は聖武天皇の要請を受け、天平十二年（七四〇）十月八日より金鍾山寺において、元興寺の厳智の推薦を受けた大安寺の遺新羅留学僧審祥師を講師に招き、旧訳の六〇巻華厳経の講説を初めて開かせた。この年は天皇の御年四十に当たり、その満賀のための講となった。講説は慈訓・鏡忍・円証を複師として、この年より三ヵ年にわたったが、講了に合わせてか聖武天皇は天平十五年（七四三）十月十五日、盧舎那大仏造立の詔を出された。

華厳経の講説は改めて前回複師だった慈訓・鏡忍・円証が各二〇巻ずつ受け持って天平十五年から三年にわたり行われた。この間の天平十六年（七四四）、聖武天皇は百寮に勅を下して「知識華厳別供」を創設された。この年の十二月八日、一〇〇人が得度を受け、その夜、金鍾寺では寺内と南に下る朱雀路にかけて一万坏を灯す燃灯供養が行われた（続紀二巻四五一頁）。

次いで天平十八年（七四六）から三年間、厳智が講師となり、標瓊《ひょうぎょう》・性泰が複師となり、六〇巻の講説を終えた。次いで天

平二十一年（勝宝元：七四九）からは智憬《ちきょう》（璟）が講師、澄叡・春福が複師となり、法蔵の華厳経疏「探玄記」二〇巻を参照して行われた。この第四回の講説が始まる年の四月一日（または十四日）、聖武天皇は盧舎那大仏の前に立たれ、さらに講説の模様を照覧された（続紀三巻六五、七七頁）。（以下略）」

次に三論宗について、『過去帳』にある慚安大徳が東大寺における三論宗の初祖だとする記述はない。

律宗について、ただ項目名が立てられているだけで、何らの記事もない。成実・倶舎は七七六年の六宗未決に触れるのみである。

どうやらあまり明確な記述がなされているとは言えないようである。奈良時代の東大寺の六宗について詳しく知る手立てはないものだろうか。

そこで例によって正倉院文書によると、大仏殿内には四天王像とか、神像などの画像の施された六宗の厨子が安置されていたことがわかる。第一厨子は花厳宗、第二は法性宗、第三は三論宗、第四は律宗、第五は薩婆多宗、第六は成実宗のためのものである。ただし、第五厨子は倶舎宗とせず、薩婆多宗（説一切有部）となっている（大日古三巻五六六頁以下、三巻五七〇頁以下、一二巻二四二頁以下）。

各厨子の内部の壁面には、その宗派の教理にふさわしい神像や菩薩像が描かれた。たとえば華厳宗の厨子ならば、梵天、普荘厳童子、普賢菩薩、文殊師利菩薩、善財童子、帝釈天、増長天、広目天、主夜神、海幢比丘、賢慧菩薩、馬鳴菩薩、海雲比丘、主昼神、多聞天、持国天の一六体である。これら六宗の厨子に菩薩や諸天の絵を描くために配置された画師は天平勝宝四年四月分で三六四人で、およそ一日当り一二人従事したことになる。大仏殿内の造作が如何に大規模なものだったか想像を超えるものがある（大日古三巻五七一頁）。

また、六宗を一覧的に知ることのできる好都合な文書が存在する。天平勝宝四年前後に書かれた「僧智憬章疏本奉請啓」（大日古一三巻三六頁以下）である（文書参照）。ただし、これは華厳宗の僧智憬が良弁の宣を受けて、他の五宗の学頭等に要請した書状であるので、華厳宗の詳細はわからない。この文書では計一八名の僧名が記載されているが、うち過去帳にも登場するのは法性宗の玄愷と明一、倶舎宗の善報と勝貴の四名のみである。

これを見ると、大仏開眼頃までに東大寺内に六宗の組織が存在し、各派には学問上の責任者として大学頭と小学頭、事務方の責任者として維那が指名されていたことがわかる。なお某宗の学頭であっても、東大寺全体の三綱の都維那を兼務することがある。つまり学問をしながら事務をこなした。

僧智憬章疏本奉請啓（正倉院文書）

法性宗　大學頭承教師　小學頭仙寂師
　　　　維那師寂雲　玄愷師
三論宗　大學頭（マヽ）諦證師　小學頭洞眞師
　　　　維那德豁師
律宗　大學頭安寛師　小學頭法正師
　　　維那仙主師
倶舎宗　大學頭善報師　小學頭朗賢、（師）
　　　　維那勝貴師
成實宗　大學頭光曉師　小學頭憬忠師
　　　　維那賢融師
右（五カ）□宗學頭師等、各承（書）　僧都宣既畢、審察此旨、則差使人、於學頭師等所令請諸章疏等本
耳、然花嚴宗可寫書本、前且進送訖、今亦随求得、則奉送耳、注状謹啓、
　月六日僧智憬謹狀
（異筆）「仁王般若經卷上」
（又異筆）「無垢賢女經一卷 ゞ ゞ ゞ ゞ ゞ 暫 ゞ 間 ゞ 奉 ゞ 請 ゞ 明 ゞ 一 ゞ 師 九月一日知他田水主大伴袁万呂」

律宗については大学頭の安寛をはじめ、小学頭と維那の名前が知られるが、『過去帳』・『要録』ともに律宗に触れることがない。これは、いずれも編纂が平安後期に行われ、鑑真来朝以前の律宗はすでにその存在意義を失ってから久しく、忘却されたためか。良弁・慈訓と並んで、聖武天皇の看病に功績のあった大学頭安寛の名ですら（続紀三巻一六三頁）、『過去帳』に記されていなかった。

ところで、開眼当時すでに六宗の組織が整えられていたとすると、これら六宗所属僧侶はいったいどこに住んでいたのか疑問が湧いて来る。講堂の建設は天平勝宝五年（七五三）に準備が始まったとされているので（大日古一三巻六一七頁）、付属の僧坊はまだ存在していない。

二　『過去帳』記名外貢献者

さて、これまで『過去帳』に挙げられている主に僧侶たちについて検討してきたが、その過程で、東大寺の創建に尽くしながら、抜け落ちているのではないかと思われる人物が存在することに気付く。おそらく『過去帳』の最初の編纂が平安後期だったために、記憶も薄れ、わずかな記録や伝承に依拠したためであろう。そのような人物は多数にのぼると思われるが、ここでは最小限として三人の人物を紹介したい。

(一)　延福　生没年不詳

まず取り上げるのは僧延福である。東大寺の発祥は『続日本紀』に、「聖武天皇の皇太子が神亀五年（七二八）に亡くなられ、その菩提を弔うため、従四位下智努王を長官に任命して「山房」という名の寺院を建てさせ、そこに九人の智行僧を住まわせた」とあるのに求められている。ただその九人の名前は記されていない。なかに良弁がおられたことは間違いないとされる（続紀二巻二〇一～二〇三頁）。

ただ、これには皇太子が亡くなられる以前の前史があって、聖武天皇が皇太子の病気平癒のために、令外の官司として中務省所轄の内匠寮を新設し、その下部組織として造菩薩司を設け、仏師（天平一七年の記録で三〇人）を集めて観音菩薩像を制作させ、僧侶たちに観音像の周りを行道し、礼仏・転経させようとされたことである（続紀二巻一九九頁）。皇太子の命を救うことはできなかったが、このときの観音像の制作と僧侶たちによる礼仏行道は、そのまま山房の建立事業に引き継がれたと思われる。

選ばれた九人の僧侶のなかで、唯一名前が突き止められたのは延福で、奈良市二条大路出土の木簡に、延福が自署し皇后宮職に宛てた「山房解」が存在するからで、内容は天平七年（七三五）閏十一月二十一日付、米二斗・菜一櫃の返抄（受取り）である。延福自署の木簡は他に二点あり、翌八年八月の年紀を持つ。延福はのち大仏開眼供養の当日、華厳経講讃の読師を務めることになる（要録四八頁）。

この山房が東大寺の前身だと主張される根拠になったのは、天平十一年（七三九）七月十二日付の正倉院文書「皇后宮職移案」で、ここには「金鍾山房」と「福寿寺」とが一紙に併記されているからである（大日古二巻三五二頁。ただし年紀も釈文も誤りがあり、要原本写真参照）。金鍾山房はのち金鍾寺に発展するのである。

(二)　平栄（平永）　生没年不詳

次に取り上げたいのは平栄である。正倉院文書では、天平十五年（七四三）五月が初見で、写経所が金光明寺僧らから四分律一部六巻を借り、七月四日にうち四巻を返済したが、平栄がそれを受け取った（大日古八巻一八六頁）。私的に所有する経巻類を写経所に貸すなど（同八巻一八八頁）、すでに金光明寺、つまりのちの東大寺内で確固たる立場を築き、天平十九年には東大寺の知事僧の地位にあった（同九巻六四三頁）。

平栄が鮮やかな働きを見せたのは、天平二十一年（感宝元：七四九）四月一日、聖武天皇が盧舎那大仏の前で「三宝の奴と仕え奉る天皇が云々」と詔を述べられた日、「寺々に墾田の地を許す」とされたのを受けて（続紀三巻六九頁）、直ちに寺家野占寺使法師（万葉集では占墾地使僧）として越前・越中に出張、五月、越前国足羽郡の野地を占し（大日古五巻五四三、四巻三九二頁）、越中国では国守大伴家持の饗を受けたことである。家持は平栄らに酒を送る歌を詠んだ。

焼太刀《やきたち》を　砺波《となみ》の関に　明日よりは
守部《もりべ》遣《や》り添《そ》へ　君を留《とど》めむ（四〇八五番）

詠じたのは五月五日とされているから、詔が出てから一ヵ月で越中国守と面談に至っているのは、当時としては驚異的な行動力である。

墾田については聖武天皇がすでに、天平十五年（七四三）五月、墾田永年私財法を発布し、三世一身法に係わりなく、墾田は本人の希望通り私有財産と認め、役所はすべて永年にわたり収公しないようにと命じていた（続紀二巻四二五～四二七頁）。これは貴族であれ庶民であれ、個人に対して認めていたもので、財力や労働力を持つ豪族たちは直ちに、灌漑に便利な野地の選定に掛かったであろう。

それから六年を経て、寺院にも墾田を持つことが許可されたわけであるが、平栄が果敢な行動をとったのは、寺院にとって墾田の所有が有益であることをすでに自覚していたからであると思われる。

これを機に平栄は巨大な組織へと発展を遂げつつあった東大寺の運営に力を注いだようである。天平勝宝元年七月の東大寺奴婢返券文（大日古三巻二七一頁）と同二年九月の大宅賀是万呂奴婢見来帳に知事と自署している（大日古三巻一八六頁・四五九～四六〇頁）。しかし、同三年（七五一）八月の倶舎衆牒には寺主法師（大日古三巻五二二～五二三頁）、同年九月の請経文に寺主（同五五六頁）とあって、同じ年の一一月の律宗牒と同年同月の倶舎衆牒には知事と署名している（大日古一二巻一七七～一七九頁）。兼務なのであろうか。

それから四年後の天平勝宝七歳（七五五）には佐官僧（大日古一三巻一五頁）、その翌年には佐官兼上座法師となり（大日古四巻一八一～八二、二〇六頁）、東大寺の荘園経営に先鞭をつけた。天平宝字三年（七五九）十一月、越中国新川郡の東大寺庄の図籍に墨書した堂々たる署名は、平栄の勢いを感じさせる（大日古四巻三九二頁、五巻六四五頁）。

それからしばらく経った神護景雲元年（七六七）八月の阿弥陀悔過料資財帳には、知事大法師として、別当僧聞崇に続いて自署し

（大日古五巻六八三頁）、ついで神護景雲四年（七七〇）五月、正倉院の雙倉北雑物出用帳に中鎮進守大法師として自署した（大日古四巻一九六頁）。これを最後に現れなくなるが、その後、東大寺の経済を支えた重鎮としての功績を残して亡くなったのであろう。

㈢　安寛　生没年未詳

最後に紹介するのは僧安寛である。正倉院文書では、天平十五年（七四三）十二月四日、写経所が安寛から六巻抄三巻を借り、翌十六年（七四四）四月十五日に返済を受けたとあるのが初見である（大日古八巻一八七～一八八頁）。この頃の経歴は平栄とよく似ている。天平十七、十八年（七四五、四六）にはすでに律宗の重鎮として、戒律関係の典籍を写させたり、借り受けたりする権限を有していた（大日古二四巻一九六頁）。それから四年後には、東大寺三綱の長老格である上座として実務にも加わった（大日古三巻三九一～三九二、四五九～四六〇頁）。

翌天平勝宝三年（七五一）十一月、東大寺律宗牒には律宗の大学頭として自署しており（大日古一二巻一七七～一七八頁）、年月未詳だが、華厳宗の僧智憬が認めた前掲の章疏本奉請啓でも律宗の大学頭とあるから、東大寺律宗の代表者となったのであろう。

聖武天皇が亡くなられた天平勝宝八歳（七五六）五月には、一二六人もいた聖武天皇の看病禅師のなかでも、安寛は良弁・慈訓とともにもっとも功績があったと、父母の戸まで課役を免ぜられるという恩典に与った（続紀三巻一六三頁）。

身分はその後も三綱の上座にあり、光明皇后が亡くなられる半年前の天平宝字三年（七五九）十二月には、正倉院から陽宝剣・陰宝剣など、除物とされた宝物を取り出す際に立会い、出蔵帳二通に東大寺を代表して僧安寛として署名した（挿図参照）。

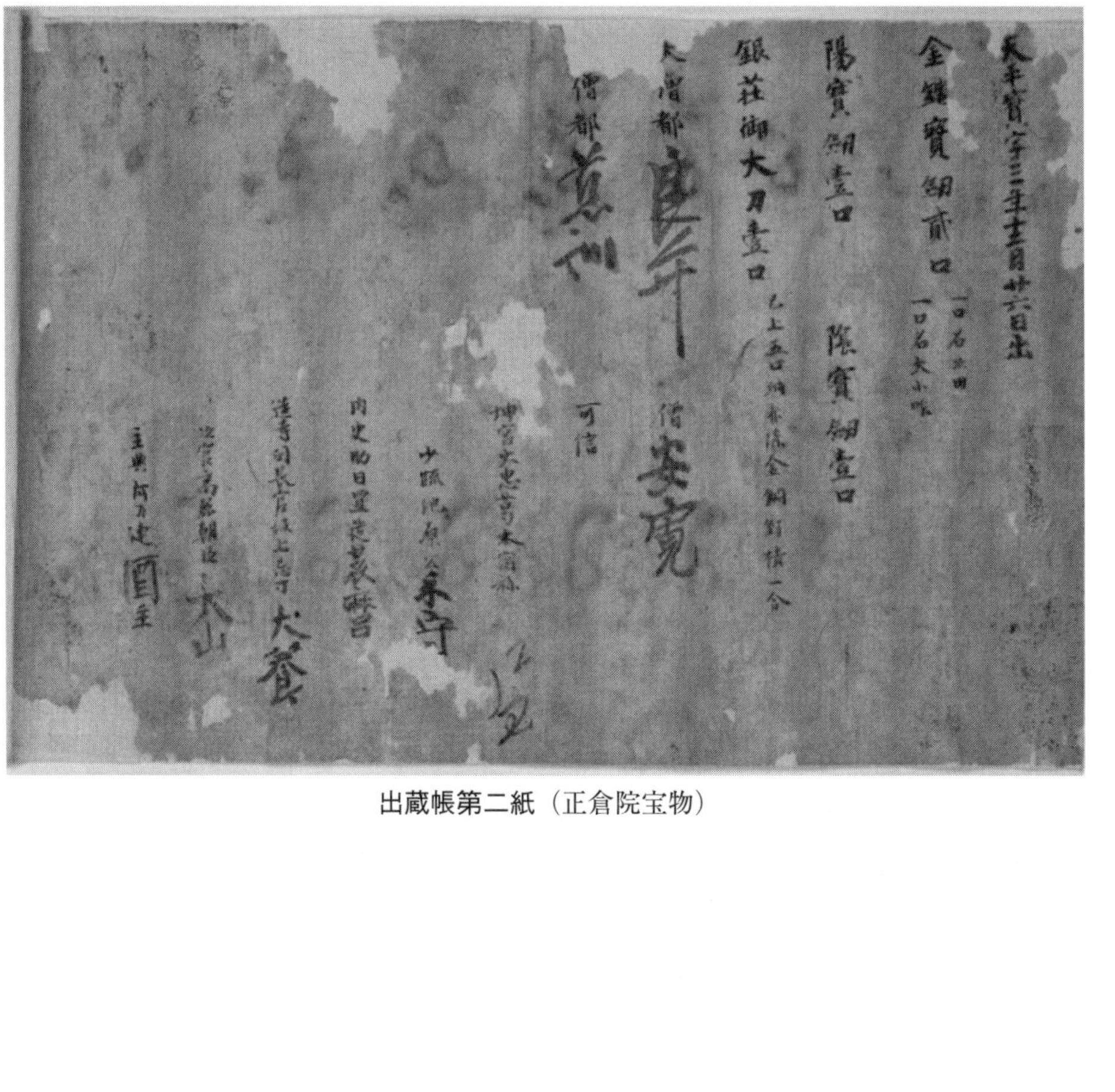
出蔵帳第二紙（正倉院宝物）

天平宝字五年（七六一）三月、重い病に罹ったのか、正倉院薬物の猬皮《いひ》一両を施されている。この月および六年十二月ともに、東大寺の三綱上座として署名している（大日古四巻一九一～一九三頁）。

それから一年と九ヵ月後の天平宝字八年（七六四）九月十一日、

太師の地位にあった恵美押勝（藤原仲麻呂）謀反の報に接するや（続紀四巻二一頁）、安寛は果敢にも即日、正倉院の兵器を内裏、つまり孝謙上皇方に進めることを主張したらしく、御大刀八八口ほか、甲冑や弓矢を櫃二二合に納め、みずからが使となって内裏まで運んだ（大日古四巻一九四〜一九六頁）。

東大寺から平城京の宮殿まではかなりの距離があり、途中恵美押勝方から襲撃を受ける危険もあることを考えると、即断即決と豪胆ぶりの人柄がうかがえる。なお、ちなみにこのとき実忠は、孝謙上皇方に加勢するために私的に軍馬の蒭《まぐさ》二千囲を献上している（『要録』二七〇頁）。東大寺を上げて、反押勝の旗幟を鮮明にしたのではなかろうか。

こうして平栄や安寛のような草創期の僧侶の活躍ぶりを瞼にすると、東大寺僧としての彼らの志が如何に壮大なものであったかが窺われるが、それならば彼らは如何ような寺院、言い換えれば、仏教共同体を築こうとしたのかが次に問われねばならないだろう。

三　如何なる寺院形態を目指したか

(一)　僧侶集団の規模

そこでまず想定されるのは、どれほどの人数の僧侶が東大寺に住んでいたかである。先に触れたように、前身の山房は九人の智行僧で出発した。以後、私の知る限りで具体的な数字を挙げるとすれば、『続日本紀』の伝える天平十六年（七四四）十二月八日のくだりに「一百人を度す。この夜、金鐘寺と朱雀路とに灯一万坏を燃す」（続紀二巻四五一頁）とあって、文意からこの新たな得度者は金鐘寺に所属したと考えられる。

参考としてそれから一二年後、聖武天皇が亡くなられたときの七日ごとの各忌日の法要に、大安寺が僧と沙弥合わせて一千余人（続紀三巻一六五頁）、同じく興福寺が一千一百余人で勤めたとあり（続紀三巻一六五頁）、こうした数字は大蔵省から僧侶に布施を渡さねばならないことから、間違いないと思われる。なお沙弥は得度にさいし十戒を受けた見習僧のことで、インドでは七歳以上二十歳未満の出家者を指す。僧とは、具足戒を受けた正式の僧侶のことである。一千名を超える僧侶の大半は、沙弥だったのではなかろうか。

大安寺や興福寺の例からすると、東大寺は後発の寺ながら、これらの人数以上に居住したことになろう。なぜなら聖武天皇が譲位して孝謙天皇が即位した天平勝宝元年七月、寺院に対して墾田地の地積限度額が定められたとき、大安寺や興福寺が一千町歩とされたのに対して、東大寺は、はるかに広大な四千町歩が認められているからである（続紀三巻八九頁）。

孝謙天皇が即位したとはいえ、この地積限度額の指示は聖武天皇によると考えられるが、それにしても四倍という桁外れの広さが認められたのはなぜか。一千町歩の二倍でも三倍でもなく、四倍の四千町歩としたのは、それなりの積算根拠があったはずである。

理由は二つほどあろうが、一つはおそらく、聖武天皇が国分寺建立の詔を出されたとき、各国分寺には二〇人の僧を置くとされたことと関係があろう。つまり全国には六〇余りの国分寺ができるから、全体で約一二〇〇人以上の僧侶が必要となる。当然のことながら彼らには教育を施さねばならない。

国分寺は都であれ諸国であれ正式名はすべて「金光明四天王護国之寺」であった。都の国分寺である東大寺がその僧侶を養成する機関とされるのは当然のことであろう。したがって、その費用を捻出するために取られた処置だったのではないか。ここで教育機関としての東大寺について考えてみたい。

(二) 僧侶養成機関

国分寺の入寺資格は、インドの七歳以上というのを採用しなかったようである。思託の『延暦僧録』の逸文によると、国分寺は十二歳以上二十歳以下を採用するように定めている(『要録』一八頁)。現在の中学・高校生の年代である。

僧侶の組織的な養成についてはどのような研究があるのか、まだ調べがついていないが、インド以来の五明による教育という伝統が日本にも伝わっていたことは間違いない。五明とは五つの学問ということである。全般的に、古代の僧侶には土木や建築に明るかったり、聖武天皇の侍医を勤めた法栄のように、医術に詳しい者が存在する(続紀三巻一六三頁)。古くは吉宜《きちのよろし》のように、もとは恵俊という僧侶であったが、医術に優れているという理由で、国家から還俗するよう勅命を受けた例もある(続紀一巻二九頁)。五明について触れた具体的な記述は残念ながらよく知られていないが、参考として二点を掲げる。

まず道慈についてで、彼は唐に一六年もしくは一七年間留学した人で、中国の諸事情をつぶさに観察し、諸学を習得した。七一八年に帰国後、若い聖武天皇のブレーンとなったと思われるが、『懐風藻』によると、その道慈がよく五明の奥深い趣旨を語ったという。

この五明について要点を述べているのは玄奘の『大唐西域記』巻第二の記述である。玄奘はインドの教育について「児童の教育にはまず悉曇十二章からはじめ、七歳以後ようやく五明の大論を授ける」と記し、五明の内容について詳述している。すなわち、「五明とは一に声明」とし、声明は声に係わる学問なので、現代では言語学や文法、外国語に当たる。工巧明は「技術・工芸・陰陽・暦数である」としていて、要するに形を作る方法に関する学問で、形には建築や原野を切り開くような土木や天文も含まれるのである。医方明は「禁呪をし邪悪をふせぎ、薬物・治療法・針・灸の術である」という。医術、薬草学である。因明は「正邪を考え定め、真偽をきわめしらべる」学問であると述べるが、論理学に当たる。内明は「五乗の因果の妙理を研究する」学問とし、仏教を主とした教学を指す。これら五明のうち、声明は節の付いたお経の意味に変わり、工巧明と医方明は専門化し、因明と内明は論義法要として現在まで残った。

一定期間の基礎学習を終えると、六宗にわたって仏教学を学んだ。興福寺は法相宗を専門とする寺とされるが、東大寺は華厳を根本とするも兼学の気風が早くから定着したようである。

(三) 奴婢の実態

ところで、仏教共同体という視点で古代の東大寺を考えた場合、これまで紹介した正倉院文書にも散見されるように、東大寺に居住する奴婢の存在を見過ごすことはできない。研究者によっては、奴婢は奴隷に近い人たちであり、東大寺はそうした奴婢を使役する貴族寺院だと考えておられるからである。

古代の東アジアの身分制社会では、奴婢は賤民とされ、中国では良民に土地を与えても、奴婢には与えなかった。日本は唐の律令制を継受したものの、良民に一定の口分田を分け与えただけでなく、奴婢にもそれぞれ良民男女の三分の一を与えた。

東大寺で大量の奴婢を抱えることになったのは、天平勝宝元年（七四九）十二月二十七日に詔があって、男女の奴婢が各一〇〇人、計二〇〇人も国家から施与されたことによっている（続紀三巻九七～九九頁。なお続紀のこの部分の記述のうち、封四千戸とあるのは一千五百戸の誤り）。この十二月二十七日というのは、八幡神がはるばる宇佐から上京して、東大寺を参拝した日に当たる。それを記念してのいわばお祝いを兼ねての施しなのである。

七四九年は、二月の陸奥での黄金発見の知らせにはじまり、改元も二度行われ、次々と重大な決断が聖武天皇によって果たされた年で、宇佐八幡の東大寺参詣はその最後を飾るものであった。そうした折に、聖武天皇は果たして労働力としての奴婢を東大寺に与えたのであろうか。疑義が残る。

幸いこれら二〇〇人の奴婢については、明治期に正倉院に帰属することになった東大寺東南院文書に詳細な記録が残っている。それによると、施入の事務的な手続きはおよそ二ヵ月後に行われている。

まず天平勝宝二年二月二十四日付の「官奴司解」が挙げられるが（大日古三巻三五九～三六六頁）、これには施入の奴婢のこれまでの所属や住所等を別にした内訳人数のほか、名前・年齢等が記されている。ただし、二行目、割注で嶋宮奴婢七十九人、官奴婢一百二十二人とあるのは計算違いである。いずれにしても、宮内省所轄の官奴司による選定にもとづいて、天平勝宝二年二月二十六日の「太政

官奴司解　申選定奴婢事
合奴婢二百人 嶋宮奴婢七十九人 官奴婢一百廿二人
口一百人奴 嶋宮奴卅四人 廣瀬村常奴三人 春日村常奴三人 今奴卅一人 内匠寮今奴十三人 奄知村常奴八人 飽浪村常奴八人
口一百人婢 嶋宮婢卌九人 廣瀬村常婢二人 奄知(村脱カ)常婢五人 春日村常婢一人 今婢卅九人 内匠寮今婢三人 飽浪村常婢一人
奴長伊萬呂 年卌八　奴縄万呂 年五十六　革万呂 年五十八
堅魚 年卌八　小足 年六十二 天平十年逃　乙万呂 年廿六
真數(敷カ) 年廿五　大井 年廿六　缶万呂 年廿
兄万呂 年廿三 天平勝寶二年逃　酒田 年廿二　滿万呂 年卌七 天平元年逃
廣万呂 年卌九 養老元年逃　真鯖 年卌四 天平六年逃　都度門 年卌四 天平七年逃
正月 年廿六 天平七年逃　國依 年廿七 天平十二年逃　粳万里 年十九 天平四年逃
茀(弟)成 年十四　茭人 年十二　廣津 年十六
真成 年十一　持万呂 年十八 天平勝寶二年逃　忍上 年十
刀治万呂 年十　九月 年五　大成 年六
諸主 年五　茭万呂 年九　諸月 年四
魚主 年四　真氷魚万呂 年二　稲益 年二
弦万呂 年二
已上卅四人嶋宮奴
吉万呂 年卌七　諸国 年廿四　文万呂 年廿三
倉人万呂 年十　黒万呂 年五十三　知木工
真弟万呂 年卌九　真依 年十六　国依 年六
乎己智(呂脱方下同) 年十四　與等万呂 年十　黒万呂(次下文) 年廿一
良人万 年八　若万 年十八　田波万 年十九

（中略）

已上一人春日村常婢
十月女 年二
已上一人飽浪村常婢
以前、選定奴婢歴名如件、以解、
天平勝寶二年二月廿四日従七位上行令史勝 子僧
佑従七位上凡河内伊美吉 巨足

官奴司解（正倉院文書）

官符」が発行され（大日古三巻三六六～三六七頁）、大倭国金光明寺（東大寺）に施入する奴婢二〇〇人の内訳、官奴六六人、官婢五一人、計一一七人、嶋宮奴三四人、嶋宮婢四九人、計八三人を記したのち、「去る年十二月二十七日、勅を奉りて偁すらく、上件の奴婢等、金光明寺に施し奉る。其の年六十六以上に至る〔者〕及び廃疾者は、官奴婢に准え、令に依り施行す。云々」とあって、施入に至る手順が明らかとなる。

そこで、せっかく詳細な記録を残してくれているので、その内容を吟味してみると、二歳や三歳の幼児が多数混ざっており、意外なことが判明する。まず年齢構成を統計にすると、次表のようになる。

これによると、一歳から二十歳まで幼少児が、男の子では六三パーセント、女の子では四六パーセントを占めており、到底労働力の付与とは認められない。

太政官符治部宮内省

施奉大和(倭カ)国金光明寺奴婢貳佰人 奴百人 婢百人

官奴婢一百十七人 奴六十六人 婢五十一人

嶋宮奴婢八十三人 奴卅四人 婢卌九人

歴名如前

以前、奉去年十二月廿七日　勅偁、上件奴婢等、施奉金光明寺、其年至六十六已上及癈疾者、准官奴婢、依令施行、雖非高年、立性恪勤、駈使無逺、衆僧矜情欲従良者、依願令免、凢寺尓入訖奴婢者、以指毛指犯佐奴毛乃止云、然此奴婢等、依感尓可還賜波、還将賜牟、何尓毛加久尓毛将用賜牟、不在障事止宣、又外今買充奴婢亦准此者、省宜承知、依　勅施行、今以状下、苻到奉行、

天平勝寳二年二月廿六日

太政官符（正倉院文書）

年齢	奴（人）	婢（人）
1～10歳	37	30
11～20歳	26	16
21～30歳	18	14
31～40歳	1	13
41～50歳	10	14
51～60歳	7	10
61～70歳	1	3
合計	100	100

表　奴婢計200人の年齢構成

そのうえ、個々の人名について名簿で当たってみると、「〇〇年に逃」、つまり本貫（本籍）からの逃亡と注記された人物が存在する。男の奴では一〇人（年六二、二三、四七、四九、四四、四四、二六、二七、一九、一八）、同じく女性の婢では五人（年六〇、三九、三七、三一、五一）を数える。ここでの逃亡者とは、東大寺に施与する以前にすでに逃亡している者のことである。もっとも古いのは和銅六年（七一三）に逃亡し、今は六十歳という女性である。つまり二十三歳のときに逃亡し、三七年間行方不明だということになる。男性でもっとも古いのは、養老元年（七一七）に逃亡し、今四十九歳だという。つまり十六歳のときに逃亡し、三三年間行方不明だというのである。要するに逃亡者と注記されている人物は、名目だけの施与なのである。このような人物を施されて、東大寺としてはどのような利益があるというのだろうか。

しかも年齢層からすれば、逃亡とされた者たちはいわゆる働き手に当たる。するとこの奴婢の施与というのは、労働力の付与であったとする可能性はさらに低くなる。施与の別の理由を考えなければ

ならない。

次に注目したいのは、今奴の「黒万呂年五十三」が「知木工」と注記されていることと、「国万年五十一」以下一三人の今奴および「目女年二十七」以下三人の今婢が、もとは内匠寮に属したとされていることである。内匠寮は前述のように、仏像や手工業品の制作に当たる役所で、下部組織に造菩薩司があった。したがって、これらの奴婢は以前の生活経験から、木工等の手に職を付けた者たちであろう。

また今婢の「宇志呂女年二十」に続いて、「猪中女年十二と与等女年七」「已上二人宇志呂弟」と注記がある。奈良時代の弟は妹も意味するので、これら三姉妹は互いに引き離されることなく、ともに施与されていることになる。とくに注記した理由はわからないが、実は法の定めるところでは、奴婢は家族を持てないことになっている。それにもかかわらず、姉妹のまま一緒に住めるということや赤子も同様の幼児であっても施与の人体に計上されていることは、これらの奴婢が実は複数の家族を含む存在だったことを示している。

以上のような考察からすると、東大寺に施与された実働一八五名の奴婢というのは、もとはバラバラになった難民ともいうべき家族ではあったが、これからは東大寺で何らかの仕事をして面倒を見てもらうようにという、一種の社会的救済措置だったことがわかるのである。

このことは、のちに葛木連戸主なる者がかねてから平城京の孤児を収容して養育していたが、孤児たちが成人したのを機に、天平勝宝八歳（七五六）十二月、孝謙天皇が恩勅を下して、紫微少忠従五位上の地位にあった戸主の戸に編附して、養子とさせたという史実を思い起こさせる（続紀三巻一六九頁）。

天平勝宝元年の奴婢の施与が東大寺に対する労働力の付与ではなく、社会的弱者の救済だとすれば、それは聖武天皇の意志に基づくものであろう。そのような天皇の意志は現在の東大寺にも連綿と伝えられていると、身内ながら感ずるのである。


（もりもと　こうせい・東大寺長老）

追記
正倉院文書の読みについて、東大寺史研究所の栄原永遠男所長の教示を得た。謝意を表したいと思う。

古代東大寺の楽舞と楽人

吉川真司

序

日本古代寺院の法会には音楽が不可欠であった。唐楽・高麗楽などと呼ばれる外来楽舞（蕃楽）がその中心をなしたが、ときには大歌・東歌といった日本の在来楽舞（和楽）が奏されることもあった。こうした楽舞は、仏に奉献して供養することを本義とするが、参会者・聴聞者の耳と目を楽しませつつ、仏教への信仰を高める役割をも果たしていたのである[1]。

『東大寺要録』は、古代東大寺で行なわれた楽舞に関する情報の宝庫と言ってよい。どのような法会でいかなる音楽が演奏されたか、楽舞を実際に執り行なう楽人（舞人を含む広義の楽人）がどのように編成されていたかが、かなりの程度まで明らかになる。そこで本稿では、『東大寺要録』を中心とする関係史料の整理を行ない、古代東大寺における楽舞・楽人の特質、さらにその歴史的変遷を見渡してみることにしたい。

一　大仏開眼供養会の楽舞

(一)　大仏開眼供養会の次第

天平勝宝四年（七五二）四月九日、東大寺本尊である盧舎那大仏の開眼供養会が行なわれた。このとき奉献された楽舞は、東大寺の歴史を通じて最も大規模なものであったと見られる。考察の出発点として、この法会における楽舞を取り上げることにしたい。

天平勝宝四年の大仏開眼会については、『続日本紀』が次のように述べる[2]。

【史料①】

盧舎那大仏像成、始開眼。是日行二幸東大寺一。天皇親率二文武百官一、設レ斎大会。其儀一同二元日一。五位已上者著二礼服一、六位已下者当色。請僧一万。既而雅楽寮及諸寺種々音楽並咸来集。復有二王臣諸氏五節・久米儛・楯伏・踏歌・袍袴等歌儛一。東西発

レ声、分レ庭而奏。所作奇偉、不レ可二勝記一。仏法東帰、斎会之儀、未三嘗有二如レ此之盛一也。

『続日本紀』が楽舞について詳しく記述することは注目すべきであるが、その意味を十全に理解するためには、法会全体の儀式構造を知らねばならない。

『東大寺要録』巻二、供養章には開眼会に関する詳しい記事が収められ、式次第の大要を知ることができる。全文を挙げることは難しいので、表ⅠＡに示した。[3] すなわちこの法会は、Ⅰ菩提僊那による大仏開眼の儀（開眼儀）、Ⅳ講師隆尊と読師延福による『華厳経』講説の儀（講説儀）を中心とするもので、Ⅳ講説儀の後に、Ⅱ大安寺・薬師寺・元興寺・興福寺による「奇異物」献上の儀があった。また、Ⅲ梵音・錫杖・唄・散華の声明を唱奏する讃嘆の儀（四箇法要）が行なわれ、順序としてはⅣの後に置かれたと思われるものの、なお確証が得られない。[4] そして、これら全てが終了した後、Ⅴ和楽・蕃楽による供養がなされた。『東大寺要録』には、和楽として大歌・大節儛・久米儛・楯伏儛、蕃楽として女漢踏歌・唐古楽・唐散楽・唐中楽・唐女儛・高麗楽・高麗女楽・妓楽（伎楽）・林邑楽・度羅楽などの名が見える。奏楽記事の主要部分を掲げておこう。[5]

【史料②】

四寺行道、二反廻畢、左右頒立二於堂前一。左大臣以下撃レ鼓着レ座。以二次第一奏。大歌、女。大節儛卅人。久米儛。大伴廿人、佐伯廿人。楯伏儛卅人。桧前忌寸廿人、土師宿祢廿人。女漢蹋歌百二十人。立天平大平。跳子名百人。唐古楽。一舞。唐散楽。一舞。林邑楽。三舞。高麗楽。一儛。唐中楽。一舞。唐女儛。一儛。袍袴廿人。高麗楽。三儛。高麗女楽。

表１　『東大寺要録』にみえる奈良・平安時代の大供養会

	大仏開眼供養会（752年）	御頭供養会（861年）	講堂供養会（935年）
Ⅰ　開眼儀	開眼師開眼 参集人結縁	開眼師誓願・仏師開眼 和楽（和舞・東舞）	仏師開眼 開眼師、仏眼真言・仏名
Ⅱ　荘厳儀	（Ⅳ講説のあと四寺が奇異物献上）	迦陵頻・菩薩が献供・舞 天王・天女らが献供・舞 天人が舞・散華	菩薩が献供・舞 迦陵頻・天人が献供・舞
Ⅲ　四箇法要	梵音・錫杖・唄・散華 （Ⅳ講説のあとか）	四楽行道、行香 唄・散華・梵音（新楽あり）・錫杖（高麗楽あり）	四楽行道、行香 唄・散華・梵音（勅楽あり）・錫杖（勅楽あり）
Ⅳ　講説など	講師・読師が華厳経講説 行道。度羅楽（先導カ）	導師が願文を読む 盧舎那仏号を称讃 呪願師が呪願文を読む	導師が願文を読む 呪願師が呪願文を読む。
Ⅴ　法楽楽舞	和楽（大歌・大節儛・久米儛・楯伏儛） 蕃楽（女漢踏歌・唐古楽・唐散楽・林邑楽・高麗楽・唐中楽・唐女儛（袍袴儛）・高麗楽・高麗女楽）	蕃楽（新楽・高麗楽）	蕃楽（高麗楽・古楽・新楽・林邑楽。勅楽と諸寺楽を違いに舞奏する。）

このほか、「供養舎那仏歌辞」として七言十四句の漢詩が奏され、また白鳥香瑚の五言律詩、笠宮麻呂の七言律詩が『東大寺要録』に記載されているが、元興寺僧による供養・讃嘆の和歌三首とともに、法会のどの段階で奉献されたかはわからない。

このように大仏開眼供養会の中心は開眼儀と講説儀であったが、それに加えて四箇法用における讃嘆の声明、和楽と蕃楽による供養・法楽の楽舞など、さまざまな音楽的要素が組み込まれていた。そして、こららの楽舞には、史料①が言うように「雅楽寮及諸寺」の楽人が集められていたのである。(6)

（二）楽器・楽装束の施入

『東大寺要録』第二、縁起章に引く「大仏殿碑文」には、この開眼供養会について次のような記述が見える。

【史料③】

以二同年四月九日一、儲二於大会一奉二開眼一也。同日、奉三施二入大小灌頂廿六流・呉楽・胡楽・中楽・散楽・高麗楽・珍宝等一。

ここには呉楽（伎楽）・胡楽（古楽）・中楽・散楽・高麗楽が「施入」されたとあるが、同時に灌頂幡と珍宝（諸寺の「奇異物」などであろう）が大仏に献上されているから、楽舞の演奏ではなく楽舞の具、つまり楽器や楽装束が奉納されたことを述べているらしい。

正倉院にはそうした楽具が伝えられており、天平勝宝四年四月九日付の銘辞をもつ楽装束も少なくない。そのうち楽の種別が明らかなものは以下の如くである。(7)

大歌
唐古楽　四曲（武王、破陣楽、羅陵王、蘇芳皮）(8)
唐中楽　四曲（破陣楽、三台、傾坏、沁何鳥）
唐散楽　三曲（皇帝破陣楽、渾脱、女儛）
高麗楽　五種（駒形、師子、桙取、弄禿、曽万里）
度羅楽　二曲（婆理、久太）
伎楽　　四具（前一、前二、後一、後二）

注目されるのは、史料②で掲げたように、開眼供養会では唐古楽・唐中楽・唐散楽が各一舞、高麗楽が四舞しか演奏されなかったことである。銘辞の曲数はそれよりも多い。つまり、四月九日付で施入された楽具は、その全てが当日用いられたわけではないのである。おそらくこれらの楽具は開眼会のためだけではなく、その後も長く用いるべきものとして奉献されたのであろう。そして、その後も大法会などさまざまな契機に楽器や楽装束が施入され、東大寺の楽舞資財が充実していったものと考えられる。(9)

（三）開眼供養会楽舞の意味

天平勝宝四年の大仏開眼供養会では、一万人の僧侶を招き、和・蕃さまざまの楽舞が演奏されたが、実はこれには先蹤があった。(10)

【史料④】

八幡大神祢宜尼大神朝臣杜女（其輿紫色、一同二乗輿一。）拝二東大寺一。天皇・太上天皇・皇太后、同亦行幸。是日、百官及諸氏人等咸会二於寺一。請僧五千、礼仏読経。作二大唐・渤海・呉楽・五節田儛・久米儛一。因奉二大神一品、比咩神二品一。

天平勝宝元年十二月、宇佐八幡神が入京し、聖武太上天皇らが東大寺に行幸した折にも、五千人の僧侶が屈請され、蕃楽（大唐楽・渤海楽・呉楽）と和楽（五節田儛・久米儛）が奏されたという。規模はかなり小さいけれども、勝宝四年と大筋において似通った楽舞演奏がなされており、大仏開眼会の供養音楽は全く空前のものではなかったのである。

　この事実を念頭に置きながら、開眼供養会の楽舞がどのような意味をもつものであったかを考えてみたい。ごく一般的な理解として、帝国秩序の顕現という考え方がある。[11] 日本在来、および朝鮮・中国・西域などの楽舞を奉納することにより、古代日本王朝が帝国的秩序の中心であったことを参会者、さらには開眼した大仏に示したと考える、言わば政治史的解釈である。しかし、私はそのような理解をとらない。音楽が香花や灯明と同じく、仏に奉献するためのものなのであれば、大規模な楽舞演奏は大仏に対する最大級の供養・法楽であったと考えるのが妥当なのではあるまいか。もちろん、政治的な意味が皆無であったとは思わないが、あくまでそれは副次的なものであろう。そもそも八幡神入京の際にも似通った楽舞が奏されたのであれば、大仏開眼という場面に引きつけすぎた理解は禁物である。

　この際、参考になるのは、帝国的秩序を現実に維持していた唐王朝の楽舞奉献である。例えば、次の史料を見られたい。[12]

【史料⑤】

戊辰。又勅二太常卿江夏王道宗一将二九部楽一、万年令宋行質・長安令裴方彦各率二県内音声一、及諸寺幢帳、並使三務極二荘厳一。己巳。旦集二安福門街一、迎レ像送レ僧入二大慈恩寺一。至レ是陳二列於通衢一。其錦綵軒檻、魚龍幢戯、凡一千五百乗、帳蓋三百余事。（中略）衢路観者数億万人。経像至二寺門一、勅二趙公・英公・中書褚令一執二香鑪一引入、安二置殿内一。奏二九部楽・破陣舞及諸戯於庭一。

太宗が創建した大慈恩寺には、唐貞観二十二年（六四八）十二月、仏像・経巻・仏舎利などが搬入された。その行道・安置に際し、太宗の勅命により九部楽などが派遣され、演奏されたのである。九部楽とは皇帝の許に集められた、西域など諸地域の楽舞の総称であるが、[13] 王宮で宴会が催されるとき、あるいは有力貴族が私宴を開くとき、皇帝から恩恵としてふるまわれた。[14] つまり、九部楽演奏は皇帝の格段の恩恵・配慮を示すものであって、大慈恩寺に関わる奏楽もそうだったのである。

　東大寺大仏開眼供養会の奏楽についても、同様のことが言えるであろう。天皇がみずからの許に集めた和蕃の音楽を次々に演奏することにより、天皇の特別の配慮、この場合は大仏に対する篤い帰依の気持ちが示された。それが帝国的に見えるのは、律令雅楽の性格が反映されただけのことであって、根本的には「最大級の供養・法楽」を実現するため、大規模な楽舞演奏が行なわれたと考えられる。[15]

二　御頭供養会・講堂供養会の楽舞

（一）　平安時代の二つの大法会

『東大寺要録』には大仏開眼供養会だけでなく、その後二度にわたる大きな法会の記事が残されている。それは貞観三年（八六一）の御頭供養会と承平五年（九三五）の講堂供養会である。[16] 前者は頭部が落下した大仏の修理、後者は焼亡した講堂の再建がそれぞれ完了した際の供養会で、大仏・講堂諸仏の開眼が行なわれた。ともに楽舞に関する情報も豊かで、天平勝宝四年（七五二）の開眼供養会と比較することにより、東大寺における奏楽の変遷をうかがうことができる。再び表1を用い、儀式の次第を確認したい。

御頭供養会と講堂供養会の次第は、大筋において似通っており、ほぼ定式化されていると言ってよい。まずⅠ開眼儀があり、ついでⅡ迦陵頻・菩薩・天人らの献供・楽舞がなされる（荘厳儀）。その後、Ⅲ香が焚かれ、唄・散華・梵音・錫杖の四箇法要が執り行なわれる。四部楽（新楽・高麗楽・古楽・林邑楽）もこのとき行道した。そしてⅣ願文・呪願文の奉読があり、最後にⅤ蕃楽による法楽楽舞が披露されたのである。さらに大きく括るならば、四箇法要を基本要素とする法会に先だって、特に開眼・荘厳の儀が行なわれ、最後に蕃楽が演奏される、という儀式構造を読み取ることができる。これを天平勝宝の大仏開眼供養会と比較すれば、華厳経講説がもはや行なわれなくなり、その一方で荘厳儀が増強されたことは明らかであろう。

(二) 勅楽と寺楽

御頭供養会・講堂供養会の楽舞について、まず注意すべき点は、楽人たちが朝廷と諸寺から派遣されていたことである。まず、貞観の御頭供養会については、開眼導師みずからが記した「恵運僧都記録文」に興味深い記述が見られる。

【史料⑥】

貞観三年三月十四日、国家修㆓理平城東大寺大仏㆒了。屈㆓一千僧於大仏前㆒、設㆓大会㆒、以供養之。奏以㆓勅楽以㆓内舎人㆒東遊歌・菩薩儛。・雅楽寮幷左右衛府楽・諸大寺音楽㆒。東大寺、高麗幷天人楽。山階、胡楽。元興、新楽。大安、林邑。薬師、散楽幷緊那楽。法隆、呉楽也。恵運其日為㆓開眼導師㆒、恵達律師為㆓法会導師㆒、明詮少僧都以為㆓呪願師㆒。

恵運が「開眼導師」と「法会導師」を区別していることは、儀式の構造をよく反映しているが、楽については勅楽・雅楽寮楽・左右衛府楽・諸大寺楽の四区分がなされている。このうち「勅楽」とは、天皇側近の内舎人が奏した東遊歌・菩薩舞のことだという。もっとも『日本三代実録』貞観三年三月十四日戊子条には「先令㆔内舎人端貌者廿人供㆓倭舞㆒、次近衛壮歯者廿人東舞」とあり、また『東大寺要録』の他記事によれば、菩薩舞は林邑楽が勤めたから、恵運の記述は混乱しているようである。ただいずれにせよ、楽舞の中心となる四部楽が、東大寺（高麗楽）・興福寺（唐古楽）・元興寺（唐新楽）・大安寺（林邑楽）によって分担されていたことは疑いなく、薬師寺の散楽、法隆寺の呉楽（伎楽）を含めて、諸寺が協力する蕃楽演奏体制が認められる。これに朝廷が派遣した内舎人・近衛の和楽、雅楽寮の某楽が加わって、大規模な奏楽が実現されていたのである。

承平の講堂供養会は、後述する和楽の消滅を除けば、貞観の御頭供養会を継承する部分が多い。まず、荘厳儀の林邑楽（菩薩舞・迦陵頻舞）は「薬師寺・大安寺等、相所㆓供奉㆒也」とされている。四箇法要の梵音の後には万歳楽、錫杖の後に綾切が舞われているが、いずれも「勅楽」であった。さらに法楽楽舞は「勅楽・寺楽、互以舞奏」と表現されるものの、実際には次のような順序で奏された。

按摩〔興福寺・元興寺〕　（コノ部分ニ脱文アルカ）
蘇合〔勅楽〕　鳥蘇〔東大寺・西大寺〕
散手〔興福寺・元興寺〕　貴徳〔東大寺・西大寺〕

太平楽〔興福寺・元興寺〕　長保楽〔東大寺・西大寺〕
陵王〔勅楽〕　納蘇利〔東大寺・西大寺〕

曲名を検するに、興福寺・元興寺、および勅楽が唐楽[17]、東大寺・西大寺が高麗楽を担当したことは明らかで、また按摩と蘇合の間に脱文（東大寺・西大寺の高麗楽）を想定すれば、唐楽と高麗楽が交互に奏されたことになって自然である。諸寺による四部楽の分掌は、貞観の御頭供養会をおおむね踏襲していたのである。南都諸寺が協力して蕃楽を演奏し、これに朝廷派遣の勅楽が加わっていたと約言できよう。

(三) 荘厳のための楽舞

貞観の御頭供養会、承平の講堂供養会の奏楽には、天平勝宝の大仏供養会とかなり異なるところもあった。注目すべきは、荘厳儀における楽舞の充実である[18]。

荘厳儀では、迦陵頻・菩薩・天人・天女などによって物品奉献や散華がなされ、楽舞が演奏された。九世紀中葉の供養会で確認できるこの「供養舞」は、以後も大法会の一般的形式として受け継がれていく。しかも『東大寺要録』巻三の「供養東大寺盧舎那大仏記文」によれば、迦陵頻・天女の「舞」と「音声」はこのたび「新造」されたものであり、楽舞の荘厳性を高める工夫が凝らされたことが知られる。

このように九世紀に一つの変化が看取されるのであるが、次なる変化は十世紀後半に生じた[19]。応和三年（九六三）の雲林院塔供養会から、法会の要所において僧侶の所作・進退を奏楽によって荘厳することが見られ始めるのである。承平五年（九三五）の東大寺講堂供養会にはかかる「荘厳の音楽」は認められず、その成立以前の様相を示している。

こうした奏舞・奏楽による荘厳は、先学によって解明されてきたところであるが、要するに法会の主要部分において楽舞が多用され、楽人が重要な役割を果たし始めるのである。九世紀、そして十世紀中葉の二つの画期を経て、古代的・奈良時代的な法会楽舞のあり方は変化を遂げ、中世的・平安時代的な様相が顕現していった。

(四) 法会における和楽の衰滅

天平勝宝の大仏供養会、貞観の御頭供養会、承平の講堂供養会の奏楽を並べると、和楽の後退という顕著な変化を見出すこともできる。

事実経過を改めて確認しておくと、まず八世紀中葉には、和楽は法楽楽舞において蕃楽と一連のものとして演奏され、曲目も少なくなかった。ところが九世紀中葉になると、和楽は法楽楽舞では用いられず、冒頭の開眼儀で倭舞・東舞が行なわれるのみとなる。さらに十世紀中葉には、勅楽のため内舎人が派遣されることも確認できず、法会全般から和楽が姿を消して、奏楽は蕃楽ばかりになってしまう。日本古来の楽舞が仏教法会から退場していく様子が、まことに明瞭に看取されるのである。

これと関わると思しき事象がある。八・九世紀には法会において和歌が詠唱されていたが、十世紀以降にはほとんど確認できなくなることである。天平十一年（七三九）の皇后宮維摩講では「供‐養大唐・高麗等種々音楽‐」のあと、和琴の伴奏によって仏教的無常観を表現する和歌が唱われた。天平勝宝四年の大仏開眼の際には漢詩と和歌が大仏に献上されたし、仏足石歌碑や神雄寺跡出土の歌木簡についても、法会和歌との関わりが指摘できる。また八世紀末から九世紀前期には、大安寺勤操が「或調二倭曲一以沐二浴義成一、或奏二漢楽一而祠二享能仁一」というふうに、和漢の楽曲をともに法会で用いていたのである[20]。ところがそれ以後、仏教法会に和歌詠唱が組み込まれることは、法華八講で唱われる「法華讃嘆」などに局限されてしまい、ましてや蕃楽と対をなすような方式は見られない。法会における和楽や和歌の詠唱は、おおむね九世紀ころ衰滅に向かったのではあるまいか。

このことは同じ九世紀における蕃楽の隆盛、唐楽・高麗楽という形での整理と定式化、そして法会における荘厳機能の強化などと、実に鮮やかなコントラストを見せている。一つの見通しにすぎないが、「仏教法会の奏楽は蕃楽を基本とする」という規範意識がこのころ確立していったように思われる。その一方で、神祇祭祀やその直会儀礼においては、倭舞・田舞・久米舞・吉志舞・大歌五節舞などの和楽が重視され続ける。かかる対称性をどう意義づけるかという問題は、国風文化論における「和漢」の文化コード論[21]にも関わり、今後の重要な研究課題とされねばならない。

三　恒例法会の楽舞

(一)　東大寺年中行事と楽舞

『東大寺要録』に記される楽舞は、臨時の大法会のものばかりではない。毎年、恒例の年中行事として行なわれた法会でも楽舞が演

表2　東大寺の年中法会と楽舞

A　『東大寺要録』諸会章（12世紀前葉）　＊は楽記載なし		B　年中節会支度（889-898年）	C　年中行事用途帳（1299年）	D　楽具欠失注文（764-767年）
正月１～７日	講堂修正	楽人	楽人	
	中門修正	—	楽人（大仏殿）	
３月14日	花厳会	勅楽人・中楽・菩薩・天人	勅楽・中楽・諸楽・菩薩・天人・師子	○
４月８日	伎楽会（仏生会）	楽人	楽人	○
５月	小五月会	—		
６月14日	万花会＊	楽人	楽人	△
６月23日	千花会＊	楽人	楽人	△
６月28日	解除会	楽人	楽人	
７月15日	伎楽会（盂蘭盆会）	伎楽	楽人	○
９月３日	手掻会	楽人・細男・厭舞・終舞	楽人	
９月15日	般若会	勅楽	楽所・舞判官	
11月14日	千灯会＊	楽人	楽人	
12月14日	万灯会	楽人	楽人	○
※	法華会＊	楽人	楽人	

※法華会は、Aが３月16日、Bが12月、Cが12月10日とする。

奏され、楽人が奉仕していた。こうした恒例法会の楽舞・楽人に関する数多くの情報を蔵していることも、『東大寺要録』の史料的価値である。そこで、『東大寺要録』と東大寺文書・正倉院文書から表2を作成し、東大寺年中行事と楽舞の関係を示した。A～Dの各項目について説明したい。

まずAには、『東大寺要録』巻四、諸会章に掲げられた年中行事のうち、例えば正月一日の「講堂修正。自㆓朔日㆒七箇夜。在㆓荘厳・舞楽㆒。」のような楽舞関連記載があるものを掲げるのを原則とした。ただし、記事には精粗があり、楽舞がなされた法会が網羅できているとは限らないため、他史料で楽舞関連記載の見える法会もあわせ掲げ、「＊」を付けて区別した。『東大寺要録』の成立した十二世紀前葉の状況がおおむね窺われるが、「＊」について確かな知見を得るためには、B・Cを参看しなければならない。

Bは『東大寺要録』巻五、諸会章之余の「年中節会支度」から、各行事の楽舞関係の用度を抜き出したものである。「年中節会支度」の表題には「寛平年中日記」との注記があり、ひとまず九世紀末の様相を示すと考えてよかろう。中門修正・小五月会が見えないものの、すでに九世紀末には、数多くの法会で楽舞が奏されていたことが知られる。

Cはずっと時代が下って、正安元年（一二九九）「東大寺年中行事用途帳」[22]によるもの。Bと史料的性格が近く、治承四年（一一八〇）の焼亡から復興した十三世紀末の東大寺が、九世紀末以来の法会楽舞を維持していたことを物語る。B・Cをにらみ合わせれば、その中間にあたるAの時代でもほぼ同様であった、つまり「＊」の法会でも楽舞が演奏されていたことが推断できる。

このように東大寺の恒例楽舞は九世紀末までに定式化され、中世へと受け継がれた。では、その起源はどこまで遡るのであろうか。これを考える上で有益なのが、Dの素材とした「楽具欠失注文」である。法会のために寺庫から楽器・楽装束を借り出した際に、あるいは法会終了の後に、欠失した楽具を書き記した文書のことで、正倉院文書には七六〇年代のものが一九通伝わっている。従来あまり活用されてこなかったが、八世紀東大寺の楽舞・楽人に関する最重要史料である。一例を挙げよう[23]。

【史料⑦】

楽頭襖子壱領白橡纐纈

帛汗衫壱領　帛袷袴参腰

右、為㆑用㆓東西二塔幷七月十五日会㆒、以㆓去四月廿五日㆒、請㆓高麗楽二具㆒之中、所㆑失。仍探究可㆑進状、注以解。

天平宝字八年七月十八日　浄人小菅万呂

魚主

九月

検察

三綱　（位署省略）

造寺司　（位署省略）

この文書では、東西両塔の法会と七月十五日の盂蘭盆会に用いるため、高麗楽の装束二具を借りたが、法会終了後、楽頭の装束等が見当たらないと上申している。塔の法会が何であったかは不明だが、少なくとも天平宝字八年（七六四）の盂蘭盆会で高麗楽が演奏されたことだけは確実である。このように「楽具欠失注文」を分析していくと、三月十四日の華厳会に某楽、四月八日の仏生会に伎楽・唐楽、七月十五日の盂蘭盆会に伎楽・高麗楽、十二月十四日の万灯会に雑楽が奏されたことが知られ(24)、また六月二十四日付の欠失解も残るから(25)、六月十四日・二十三日の万花会・千花会でも行なわれた可能性がある。

このように、全部とは断言できないにせよ、東大寺恒例法会の楽舞の多くは八世紀段階に起源をもつと推測される。金光明寺・東大寺の成立からさほど時を経ずして、法会の体系と奏楽の体制が整えられていったのではないだろうか(26)。

(二) 仏生会と盂蘭盆会—伎楽会—

古代東大寺の年中諸法会はそれぞれ目的と内容を異にしていたが、なかでも注目すべきは仏生会と盂蘭盆会である。この両法会を『東大寺要録』諸会章・諸会章之余は「伎楽会」と称している。先述の如く、仏生会では少なくとも唐楽、盂蘭盆会では高麗楽があわせ行なわれたが、伎楽の演奏こそが著しい特色だったのである。天平十五年(七四三)七月十二日・十三日には、東大寺の前身寺院である金光明寺に「音声舎人」「高麗楽人」が送られた。前者は和楽唱奏者と見ることができそうであるが、いずれにせよ寺院草創期から盂蘭盆会の奏楽がなされていた可能性は高い(27)。おそらくそれは仏生会でも同じであったろう。

仏生会・盂蘭盆会で伎楽を奏したのは、実は東大寺だけではなかった。『延喜式』雅楽寮には次のような規定が見える。

【史料⑧】

凡四月八日・七月十五日斎会、分二充伎楽人於東西二寺一。並寮官人諳レ寺検校。前レ会三日、官人・史生各一人就二楽戸郷一簡充。在二大和国城下郡社屋村一大安・西大・法華・秋篠等寺、亦同充レ之。

平安京東寺・西寺には、その仏生会・盂蘭盆会に際して朝廷から伎楽人が送られ、雅楽寮官人がこれを管轄した。平城京の大安寺・西大寺・法華寺・秋篠寺にも、寮官人がわざわざ赴くことはないものの、伎楽人は同じように派遣された。彼らは大和国城下郡の「楽戸郷」に暮らす人々であったが、官員令別記はこれを「伎楽卅九戸」とする(28)。朝廷からこうした手当を受けなかった東大寺は、独自に楽人を編成していたのであろう。

仏生会と盂蘭盆会が重視されたのは、七世紀以来のことである。『日本書紀』推古十四年(六〇六)四月壬辰条は「自二是年一初、毎レ寺四月八日・七月十五日設レ斎」と記し、諸寺における両法会の起源としている。飛鳥寺の仏生会・盂蘭盆会には多くの人々が集まったが、それは重要な朝廷行事であったらしく、大化三年(六四七)施行の七色十三階冠位制でも「此冠者大会・饗客、四月・七月斎時所レ着焉」と命じられている(29)。

倭・日本で伎楽の教習が始まったのも七世紀初頭、推古朝のことであった。『日本書紀』推古二十年是歳条によれば、百済人味摩之が「呉」で「伎楽儛」を学んで倭国に渡来し、少年たちに教習したが、大市首・辟田首がこれを伝えているという。伎楽が呉楽とも呼ばれた理由がよくわかる。中国南朝領域に起源をもつ楽舞が百済経由で伝えられ、倭王朝が重視する仏生会・盂蘭盆会で演奏されたということなのであろう。

『洛陽伽藍記』によれば、北魏の都・洛陽には音楽で名高い寺院があった(30)。四月八日には仏誕の祝祭が行なわれ、かかる寺院を中心として釈迦像が城内をめぐり(行像)、伎楽が盛んに奏せられたのである。これは中国北朝の様相だが、仏教を尊崇した南朝でも「釈迦行像」があったから、やはり同様に行なわれたと見られる[31]。あるいは、こうした中国南朝の楽舞のあり方が、遠く倭国にも伝わったのであろうか。盂蘭盆会については「君親の恩」という規範[32]からも考えるべきであるが、ともあれ推古朝以来、二つの法会はたいへん重んじられ、伎楽が法楽・布教の手段として演奏された。その伝統が、東大寺をはじめとする諸大寺の伎楽会に受け継がれていくのである。

(三) 花厳会と般若会―勅楽と寺楽―

東大寺では、花厳会と般若会もまた特別の法会であった。表2に明らかな如く、この両法会だけに「勅楽」の楽人が参加した。勅楽については、貞観の御頭供養会・承平の講堂供養会でも見受けられたが、その性格は確言できなかった。しかし、恒例の花厳会・般若会については『延喜式』雅楽寮に関連規定があり、理解はさほど難しくない。

【史料⑨】

凡東大寺三月十四日華厳経、及九月十五日大般若経等会。並官人・史生各一人率㆓楽人等㆒供奉。

凡西大寺三月十五日成道会、大安寺四月六七両日大般若会。官人・史生各一人率㆓楽人等㆒供奉。

東大寺花厳会・般若会、西大寺成道会、大安寺般若会では、楽人が雅楽寮の官人・史生に率いられて奉仕した。彼らが伎楽人でなかったことは、史料⑨が史料⑧の前に配されていることから明らかで、蕃楽（唐楽・高麗楽）の楽人と推定できる。天皇による特別の計らいとして楽舞が奉献されたので、特に勅楽と称されたのであろう。勅楽の実態を知るには、天暦四年（九五〇）の次の史料が導きの糸となる[33]。

【史料⑩】

会々楽人布施法

花厳・般若両会、官人一人、絹一疋。史生一人、調布一端。物師等中、銭三貫文。請人銭四百文、専寺一人二百文、但楽頭准㆓請人㆒。菩薩一人百文、天人一人百五十文。

割注を適宜修正しつつ読んでいくと、まず官人（四等官）・史生は雅楽寮のそれと見て誤りない。次の「物師」が史料⑨にいう楽人にあたるが、古記録等に見える「物節」と同じく、左右近衛府の「番長以下、つまり番長・案主・府掌の総称[34]」と考えられる。つまり雅楽寮官人に率いられても、楽人たちは衛府の下級職員だったのである。九世紀の臨時大会では、勅楽・雅楽寮楽・左右衛府楽・諸大寺楽の区分が見られたが（史料⑥）、十世紀の恒例法会では、勅楽の内実は左右衛府楽に純化していたらしい。

しかし、花厳会・般若会の楽舞は勅楽に限られていたわけではない。史料⑩によれば、その他の楽人として「請人」「専寺」「菩薩」「天人」がいた。「専寺」とは当寺・貴寺の意で、この場合は東大寺を指す。つまり東大寺に所属する楽人のことである。供養舞を行なう「菩薩」「天人」も同様であろうが、技術的に難しくないため布施も少額になっている。とすれば、残る「請人」とは、東大寺の外部から招請された楽人のことではあるまいか。その場合、わざわざ平安京から呼び寄せるよりも、近隣の興福寺・大安寺などから招くのが自然であり、要するに南都諸寺に属する楽人のことと考えられるのである。

顧みれば、天平の開眼供養会・貞観の御頭供養会・承平の講堂供養会でも、諸寺の協力による蕃楽演奏体制が認められ、そこに朝廷派遣の楽人が加わっていた。推察するに、かかる方式は年中の恒例法会でも同じではなかったろうか。他寺からいかほどの楽人が招かれたかはわからないが、東大寺だけでは抱えきれない楽人がこうして確保されたのであろう。そして花厳会・般若会といった特別な法会では、さらに朝廷の支援があった。かかる協力体制をとりながら、南都諸寺は年中法会の楽舞を維持していたと考えられる。

㈣ 唐と日本の法会音楽

七世紀以来の伎楽の伝統を受け継ぎつつ、和楽・蕃楽を加えて形作られた東大寺恒例法会の楽舞——それは南都諸寺でも共通する部分が多かったと思われる。しかし、ここで唐代史料を繙くなら、よほど特別な場合を除いて、[35]楽舞は寺院法会でほとんど行なわれていないという印象を受ける。

円仁の『入唐求法巡礼行記』ではもっと明瞭である。唐の寺院法会、しかも恒例行事に関する記事はいくつもあるが、[36]楽舞は全く見えない。むしろ唐の寺院では梵音・梵唄など、仏を讃美する声明を僧俗ともによく唱っており、円仁はそのことに注目しているのである。古代日本でもこうした音楽・作法を四箇法要として受け継いだが、それとともに楽舞を重視したのが特徴的であった。円仁が何一つ記さないのは、九世紀の中国寺院において、楽舞が日常的に行なわれていなかったことの証左ではあるまいか。

この見通しについては、四月の行像セレモニーが唐代に衰微したことも[37]視野に入れつつ、史料を博捜・精査しながら再検討しなければならない。日本の寺院法会で楽舞があれほどまでに重んじられたのは何故か。初心としての伎楽重視が、中国と大きく異なる伝統を作り出したのだろうか。そして、そもそも朝鮮諸国ではどうだったか。考えるべき論点はきわめて多い。日本古代の法会音楽を比較史的に理解することは、これからの重要な研究課題と言えよう。

四　古代東大寺の楽人

㈠ 寺家楽人の起源

奈良・平安時代の東大寺には寺家所属の楽人がおり、朝廷・諸寺の協力を仰ぎつつ法会の楽舞を担っていた。しかし、こうした東大寺楽人の実像は漠として捉えがたい。一つの手がかりとなりそうなのが、『東大寺要録』雑事章の伝承的記事である。[38]

【史料⑪】

私云。勝宝二年、可㆑買㆓進形貌端正良人㆒、被㆑下㆓綸言㆒者、五畿七道諸国司等、各買㆓進奴婢㆒。以㆓同年二月廿二日㆒、太上天皇・皇太后、共双㆓鳳輿㆒親臨㆓伽藍㆒。以㆓件奴婢二百口㆒、施㆓入東大寺㆒。寺家請納、択㆓吏幹之人㆒、預㆓供仏施僧之事㆒、為㆓上司職掌㆒。以㆓良匠之器㆒、為㆓造寺之工㆒。又伝㆓歌舞音楽之曲㆒、備㆓供仏大会之儀式㆒。其子々孫々、相継為㆓寺奴婢・職掌㆒、于㆑今勤㆓仕寺役㆒、供㆓奉諸会㆒也。朝払㆓霜雪㆒備㆓大仏供㆒、廻㆓毎日不㆑欠之計㆒。暮戴㆓星辰㆒侍㆓宝蔵辺㆒、防㆓盗賊火難之畏㆒。寺家要人只在㆑此耳。

これによれば、楽舞を伝えて法会に奉仕するのは「寺奴婢・職掌」であり、天平勝宝二年（七五〇）の諸国進上奴婢の施入に起源をもつのだという。中世の東大寺では「供仏施僧」を担当した上司職掌に対し、下司職掌は楽人狛氏がこれを勤めていた。[39] しかし、奈良時代の楽人が奴婢であったという伝承については、ほとんど顧みられることがない。

そこで、前章に掲げた史料⑦を改めて検討してみよう。この文書では、小萱万呂・魚主・九月の三名が[40]盂蘭盆会の終了後、四月二五日に受け取った高麗楽装束二具のうち、その一部が見当たらないこと、探し求めて進上すべきことを申し出ており、奥に三綱・造寺司が位署を据えている。三名は氏姓を記さないため、寺奴と見られる。確かに天平勝宝二年三月三日「治部省牒」[41]には小萱万呂（九歳）が官奴、魚主（四歳）と九月（五歳）が島宮奴として出てくる。彼らは天皇家から東大寺に施入され（諸国進上奴婢ではない）、十四年後には成人して寺内で働いていたのである。

「楽具欠失注文」のうち、史料⑦のような上申文書を出しているのはa俗人、b寺僧、c寺奴に大別できる。[42] 推測するに、彼らの多くは楽舞を担った楽人ではなかったろうか。楽具の欠失に責任を負っているのは、それを借用して使用・保管していたためと考えるのが自然だからである。こうした寺奴は「倉物の管理・出納・運搬等の仕事についていた」とされるが、[43] 楽舞との関わりを想定することも決して困難ではない。私は、東大寺に施入された奴婢が楽人となった可能性を積極的に認め、史料⑪は史実の一端を伝えていると評価するものである。もちろん楽人の全てが奴婢だったわけではあるまい。「楽具欠失注文」は東大寺に仕える良民の俗人、さらには一部の寺僧が奏楽に携わったことを示す如くであるが、さらなる検討は他日を期したい。

（二）　平安時代の職掌と楽人

奈良時代東大寺の楽人には寺奴が含まれていた、という私見が是認されたとしても、以後の変化を見極めることは容易でない。しかし史料⑪は、「職掌」が楽人として奉仕していると述べているので、この点から平安時代の動向を追究してみたいと思う。

「職掌」とは平安時代以降、寺院に奉仕する男女の俗人をさす語である。天暦四年（九五〇）「東大寺封戸荘園幷寺用帳」では、「男女職掌」は「男女雑色」とも記された。[44] その後、職掌の語は男性の上級俗役に限定して用いられるようになるが、彼らの存在形態が最もよくわかるのは、中世興福寺についてである。主として『類聚世要抄』の記述に依拠して、その概略を記せば次のようになる。[45] すなわち、院政期の興福寺では、職掌は僧綱・五師・三綱（所司）につぐ身分であった。つねに十数人の職掌がいたと思われるが、彼らは全員が楽人であり、[46] 大多数が衛府の下級官職（将曹・府生・物節など）を帯び、しばしば朝廷行事のため上京した。つまり、大内楽所の楽人として官人身分を保ちつつ、楽舞をはじめとする興福寺の寺役に奉仕していたと考えられる。

では、同時期の東大寺はどうだったか。『楽所補任』のうち、詳しい記事のある天永元年（一一一〇）から保元三年（一一五八）の新補楽人を見ると、興福寺楽人二〇人に対し、東大寺楽人はわずか五人だが、その全員が衛府府生の肩書きを有していた。[47] 彼らが職掌であったことを確かめるすべはない。しかし、下司職掌は少なくとも仁安二年（一一六七）、狛光行が子息清光に譲って以来、楽人狛氏によって相承され、[48]その光行が「重役職掌」であったことは久安五年（一一四九）に遡って確認できる。[49]興福寺に比べて楽人集団の規模はずっと小さく、また職掌と楽人がぴたり重なる訳ではないが、院政期の東大寺においても楽人が上級俗役を占めるようになっていたのである。

しかし、十世紀中葉の段階では「職掌并楽人」という状況は確認できない。

【史料⑫】

百六十五疋男女職掌等衣料

八十五疋男五十五人料

卌六疋定額十六人料（十二疋長二人・造二人幷四人料（各三疋）、廿四疋鎰取四人・倉人四人・商長二人〔大小膳二人脱カ〕幷十二人料（各二疋））

五十一疋員外卌九人料（廿四疋綱所鎰取一人・土師工二人・杣工二人・膳部七人（各二疋）、廿七疋廿七人料（各一疋））

卌八疋女十八人料

卌六疋定額十六人料（十二疋寺刀自二人・女長二人幷四人料（各三疋）、廿四疋醬酢刀自二人・厨女四人・雑使四人・羹女二人幷十二人料（各二疋））

二疋神子二人料

何度も引く天暦四年「東大寺封戸荘園幷寺用帳」のうち、絹の給付に関する記載である。ここでは男性の職掌が五五人いて、うち定額が一六人、員外が三九人であった。具体的な役割として「鎰取」「倉人」「商長」「土師工」「杣工」「膳部」などが見えるが（本来は「大小膳」もあったか）、楽舞に関するものはなく、その地位・重要性の低さを示唆している。楽人が「長」「造」を勤めることがあったかもしれず、定員外の「廿七人」に含まれる可能性もまた大きいが、いずれにせよ職掌組織全般の中に埋没している印象は否めない。

このように見てくると、〈俗人組織に埋没した楽人〉から〈衛府官職を帯びて俗人組織を代表する楽人〉への変化は、おおむね摂関期のことではなかったかと予想される。それを裏付けるのが、楽人山村氏の成長である。[50]山村氏はもともと大和国添上郡の土豪で、一〇世紀末には東大寺への租税納入を担っていた。[51]その一族が楽人として東大寺の俗役を握るのであるが、『東大寺要録』巻五、別当章、雅慶条は寛弘二年（一〇〇五）の出来事として、「山村吉光任二近衛府生一。童時。」と記しており、また吉光の父真光を「右兵尉、左衛門府生」とする系図もあるから、[52]かかる動向は一〇世紀後葉〜一一世紀初頭に顕在化したと考えられる。山村氏は衛府楽人の身分と技術を何らかの手段によって獲得し、摂関期を通じて、東大寺職掌組織の上層部に食い込んでいったのである。ちなみに、院政期興福寺の職掌・楽人を寡占したのは狛氏であるが、その左舞舞人の祖は狛光高（九六〇〜一〇四八）で、[53]彼の父・真行は「職掌始」とされた（『楽所補任』）。また、永承三年（一〇四八）には左近衛府生茨田光重が「寺家楽人上﨟」であった（『造興福寺記』）。興福寺でも、摂関期に同じような現象が確認されるわけである。

(三) 宮廷・諸寺の楽人共有体制

東大寺・興福寺において、楽人が職掌として寺家俗役を牛耳る動きは摂関期に進んだ。南都近傍の土豪が近衛楽人の身分・技術を得ることが、おそらくはその前提にあった。

ここで摂関・院政期の楽人の職務を注視するなら、宮廷の楽人が「勅楽」のために南都に下向する、また東大寺や興福寺の楽人が宮廷行事に参加するため上洛する、といった行動がしばしば見られる。また南都諸寺の間でも楽人が往来し、法会楽舞をともに演奏していた。これを簡明に表現すれば、楽人集団が宮廷・諸寺に分属し、共有される体制ということになろう。[54] かかる事態は決して不自然ではない。摂関期には、実務官人が諸司・諸家に兼参すること、つまり彼らの技能が諸司・諸家で共有されることが一般的に見られた。[55] 楽人の分属・共有は、こうした事象のバリエーションと言える。

こうした体制が生まれた背景としては、以下の三点が考えられる。第一に、律令禄制の縮小的再編である。[56] 十世紀中葉までに下級官人の禄制はほぼ解体したが、それは衛府楽人についても同様だったはずで、彼らはさまざまな組織に分属して収入を得なければならなくなった。その有力な所属先が南都諸寺だったわけである。第二に、南都の政治編成の変化である。受領支配強化への対応策として、十世紀後葉以降、大和国の土豪層は興福寺・東大寺などの諸寺に結集していった。[57] 楽人・職掌としての奉仕は、その一形態として理解できる。第三に、諸寺法会における楽舞の重視である。先述の如く、応和三年（九六三）の雲林院塔供養を転換点として、十世紀後葉以降、法会楽舞がいっそうの隆盛をみた。[58] このため、専門的楽人の重視と寺院帰属が進んだと推定できる。

かくして十世紀後葉から十一世紀中葉の摂関期に、古代的楽人体制から中世的楽人体制への転換があった。ただし、その歴史的前提として、南都諸寺が協力して蕃楽を演奏し、これに朝廷の勅楽が加わるという体制が、すでに九世紀から日常的に行なわれていたことを見逃してはなるまい。一寺院であらゆる楽舞の楽人を抱えることはできず、それゆえ取られていた古代の協力体制が、中世的な楽人編成にも影響を与えていたのである。

結語

本稿では『東大寺要録』を主な材料として、古代東大寺の楽舞と楽人の存在形態、およびその中世的転成に関するラフスケッチを提示した。しかし、楽舞・楽人の研究を始めたばかりの身としては、ごく初歩的な誤謬、あまりに常識的な議論に満ちているのではないかと、深く怖れる。今後いっそうの研鑚を約し、諸賢の御教示・御叱正をお願いしつつ、ひとまず擱筆する。

（よしかわ しんじ・京都大学教授）

註

（1） 佐藤道子「楽・舞」（『アジア遊学』一七、二〇〇〇年）。日本古代の楽舞全般については、林屋辰三郎『中世芸能史の研究』（岩波書店、一九六〇年）、荻美津夫『古代音楽の世界』（高志書院、二〇〇五年）などを参照のこと。

（2） 『続日本紀』天平勝宝四年四月乙酉条。

（3） 小野功龍「供養舞楽と法会形式の変遷に就いて」（同『仏教と雅楽』、法藏館、二〇一三年、初発表一九六六年）、佐藤道子「楽・舞」（前掲）、吉川真司「天平文化論」（『岩波講座日本歴史』三、岩波書店、二〇一五年）、参照。

（4） 四箇法要が行なわれたことは、『東大寺要録』に「唄十人、散花十人、定者廿人、納三百卌人、甲三百卌人。開眼師、供養師、読師、呪願師、都講師、維那師。六人。」とあることから明らかである。また、「景静禅師」が都講として招請されており、あるいはⅣ講説儀とともに、衆僧による読経がなされたのかもしれない。なお、四寺による献供のほか、貴顕による物品献納が行なわれたが（松島順正『正倉院宝物銘文集成』、吉川弘文館、一九七八年）、法会次第に組み込まれていたかどうかは判然としない。

(5) 東大寺要録研究会において校訂を担当したので、その検討結果を掲げる。

(6) 『東大寺要録』巻二、供養章に引く白鳥香珮の五言律詩の序にも、「有大安・薬師寺等四大寺、各呈伎以助荘厳」（校訂結果による）と述べられている。

(7) 松島順正『正倉院宝物銘文集成』（前掲註(4)）、田中陽子『日本の美術五二〇　正倉院の舞楽装束』（ぎょうせい、二〇〇九年）。

(8) 蘇芳皮を「唐古楽」と記した銘文はないが、天平宝字八年四月廿五日「楽具欠物注文」（正倉院文書、『大日本古文書』五巻四八二頁）に「唐古楽素方皮」と記す。

(9) 例えば、正倉院には「六年」と記した前後二具の伎楽装束が伝わるが、これらは天平勝宝六年七月に死去した藤原宮子の追善供養会に関わるものであろう。

(10) 『続日本紀』天平勝宝元年十二月丁亥条。

(11) 杉本一樹「正倉院宝物はなぜ国際色豊かなのか」（『新視点日本の歴史』三、新人物往来社、一九九三年）、栄原永遠男「大仏開眼会の構造とその政治的意義」（『都市文化研究』二、二〇〇三年）。

(12) 『大慈恩寺三蔵法師伝』巻七、唐貞観二十二年十二月戊辰条・己巳条。

(13) 渡辺信一郎『中国古代の楽制と国家』（文理閣、二〇一三年）。

(14) 例えば『旧唐書』本紀では、龍朔元年九月壬子条（沛王宅）、麟徳元年正月癸酉条・天宝十四載三月丙寅条・貞元四年正月甲寅条・同十四年二月戊午条（いずれも王宮）などに九部楽が奏された記事が見える。

(15) 吉川真司「天平文化論」（前掲註(3)）。

(16) 『東大寺要録』巻二、供養章之余、同巻七、雑事章、講堂供養事。

(17) ただし、四箇法要の勅楽は万歳楽が唐楽、綾切が高麗楽である。

(18) 佐藤道子「楽・舞」、小野功龍『仏教と雅楽』（いずれも前掲註(3)）。

(19) 遠藤徹「村上天皇雲林院塔供養と大法会の舞楽法要」（栄原永遠男ほか編『律令国家史論集』、塙書房、二〇一〇年）。

(20) 吉川真司「法会と歌木簡」（『万葉集研究』三六、二〇一六年）。

(21) 千野香織「日本美術のジェンダー」（同『千野香織著作集』、ブリュッケ、二〇一〇年、初発表一九九四年）。

(22) 正安元年十一月日「東大寺年中行事用途帳」（東大寺文書、『鎌倉遺文』二七巻二〇三〇八号）。

(23) 天平宝字八年七月十八日「浄人小菅万呂等楽具欠失解」（正倉院文書、『大日本古文書』五巻四八四頁）。

(24) 典拠を『大日本古文書』の巻頁のみによって示せば、順に一六巻三二五頁、五巻五二三頁・五三七頁・五三八頁、五巻四八四頁・四八五頁、五巻六三六頁。

(25) 天平神護元年六月廿四日「九月・魚主楽装束欠失解」（正倉院文書続修、『大日本古文書』五巻五三〇頁）。

(26) 金光明寺・東大寺の成立と法会については、吉川真司「大養徳国金光明寺」（GBS実行委員会編『論集東大寺の歴史と教学』、東大寺、二〇〇三年）、同「国分寺と東大寺」（須田勉ほか編『国分寺の創建　思想・制度編』、吉川弘文館、二〇一一年）、参照。

(27) 天平十五年七月十二日・十三日「中宮職移」、同十三日「高麗楽人注文」（いずれも正倉院文書、『大日本古文書』八巻二一九〜二二一頁）。吉川真司「法会と歌木簡」（前掲註(20)）、参照。

(28) 『令集解』職員令雅楽寮条。なお、大和国城下郡村屋（杜屋）村には、大安寺・大后寺・東大寺など、天皇家と関わりの深い寺院の荘園が集中していた（吉川真司「小治田寺・大后寺の基礎的考察」、『国立歴史民俗博物館研究報告』一七九、二〇一三年）。

(29) 『日本書紀』大化三年是歳条。

(30) 『洛陽伽藍記』巻一、長秋寺・景楽寺・昭儀尼寺、巻二、宗聖寺、巻三、景明寺。

(31) 塚本善隆「敦煌本・中国仏教教団の制規」（『塚本善隆著作集』三、大東出版社、一九七五年、初発表一九五八年）。

(32) 『日本書紀』推古二年二月丙寅条。川尻秋生「寺院と知識」（『列島の古代史』三、岩波書店、二〇〇五年）、参照。

(33) 天暦四年十一月廿日「東大寺封戸荘園幷寺用帳」（東南院文書、『平安遺文』二五七号）。

(34) 吉川真司『勧修寺家本職掌部類』（思文閣出版、一九九〇年）。ただし、史料によっては府生を含むこともあるらしい。

(35) 例えば『続高僧伝』では玄奘伝、『宋高僧伝』では義浄伝・善無畏伝などに、御製碑や経巻・仏舎利が行道・入寺する際に楽が奏されたと見える程度である。このほか法門寺舎利に関わる奏楽の史料などもあるが、いずれも一般的な状況とは言い難い。

(36) 小野勝年「円仁の見た唐の仏教儀礼」（福井康順編『慈覚大師研究』、

早稲田大学出版部、一九六四年）。
(37) 塚本善隆「敦煌本・中国仏教教団の制規」（前掲註(31)）。
(38) 『東大寺要録』巻七、雑事章、東大寺職掌寺奴事。
(39) 永村眞「中世東大寺の楽人・舞人」（福島和夫編『中世音楽史論叢』、和泉書院、二〇〇一年）。
(40) 「浄人」は人名かもしれないが、写真を検すれば「浄人　小萱万呂」「魚人」「六月」がそれぞれ別筆であるから、「浄人」は身分・職名と見たほうがよさそうである。
(41) 東南院文書、『大日本古文書』三巻三六八頁。
(42) 典拠史料を『大日本古文書』五巻の頁数で示す。a俗人は五二三頁・五三七頁（ただし呉服息人は「倉人」である）、b寺僧は六三六頁、c寺奴は五三〇頁・五三八頁。同六五七頁の「花会唐楽所解」は俗人・寺僧がともに署名している。
(43) 神野清一「東大寺における奴婢の用役形態」（同『日本古代奴婢の研究』、名古屋大学出版会、一九九三年、初発表一九六五年）。
(44) 註(33)前掲文書。その一部は史料⑩⑫として引用している。
(45) 以下の記述は、吉川の口頭報告「『類聚世要抄』と中世寺院社会」（二〇一三年二月二三日、国際日本文化研究センター）による。現在、活字発表を準備している。
(46) 『楽所補任』に見える興福寺楽人の名と、『類聚世要抄』に現われる興福寺職掌の名はほぼ完全に一致する。
(47) 紀季方（保安二年、右近衛府生）、山村時高（保安三年、右近衛府生）、粟田重忠（保安四年、左衛門府生）、紀元延（長承三年、左衛門府生）、紀吉延（久安五年、右近衛府生）。
(48) 永村眞「中世東大寺の楽人・舞人」（前掲註(39)）。ただし、狛光行は父行貞と同じく、興福寺楽人であり（『楽所補任』永久四年条・久安四年条）、職掌でもあった（『類聚世要抄』巻二）。行貞は晩年に「擯出」されて四天王寺辺に住んだという（『楽所補任』天養元年条）。そうした経緯もあって、光行は東大寺に拠点を移したのであろうか。
(49) 久安五年三月日「東大寺花厳会楽人禄物注文」（東大寺旧蔵文書、『平安遺文』二六六三号）。
(50) 稲垣泰彦『日本中世社会史論』（東京大学出版会、一九八一年）。
(51) 長保二年十一月十五日・同三年三月二日・同三年閏十二月十九日・同四年十月十六日「東大寺返抄」（東大寺旧蔵文書、『平安遺文』三九三号・四五九六号・四五九三号・四二七号）。
(52) 稲垣泰彦『日本中世社会史論』（前掲註(50)）。
(53) 荻美津夫『平安朝音楽制度史』（吉川弘文館、一九九四年）。
(54) 永村眞「中世東大寺の楽人・舞人」（前掲註(39)）は、楽人が「寺家と緩慢な帰属関係を保つ」契約関係に過ぎなかったと評価するが、『楽所補任』の注記に明らかな如く、それぞれの楽人が宮廷・諸寺のいずれに所属するかは判然としており、それ故に寺家職掌としての職能を行ない得たと考える。その上で宮廷・諸寺が相互利用を行なったのである。
(55) 吉川真司「摂関政治の転成」（同『律令官僚制の研究』、塙書房、一九九八年、初発表一九九五年）、告井幸男『摂関期貴族社会の研究』（塙書房、二〇〇五年）。
(56) 吉川真司「律令官人制の再編過程」（同前掲書、初発表一九八九年）。
(57) 泉谷康夫「摂関政治期の大和国」（山中裕編『摂関時代と古記録』、吉川弘文館、一九九一年）。狛氏のような南山城の豪族も同様であったと推測する。
(58) 遠藤徹「村上天皇雲林院塔供養と大法会の舞楽法要」（前掲註(19)）。

ブックロードにおける闕本・草本・真本・好本
―『東大寺六宗未決義』その他を史料として―

王　勇

はじめに

唐の代宗より「天下の文宗」（『答王縉進王維集表詔』）と褒められる、盛唐の詩人王維の残した数多くの送別詩のなかで、以下の二首はとくに印象に刻まれる。

その一つは、陽関を越えて西域へ赴く友人の元二を惜別して詠んだ、人口に膾炙する『渭城曲』（別名『送元二使安西』）である。

渭城朝雨浥軽塵（渭城の朝雨、軽塵を浥す）
客舎青青柳色新（客舎青青、柳色新たなり）
勧君更尽一杯酒（君に勧む、更に尽せ一杯の酒）
西出陽関無故人（西のかた陽関を出ずれば故人なからん）

もう一つは、荒海をわたって帰郷する異国の知友晁衡（阿倍仲麻呂の唐名、「朝衡」とも書く）を餞別して吟じた『送秘書晁監還日本国並序』である。「積水不可極（積水、極む可からず）」に始まる詩自体はひろく知られているが、あまり注目されなかった長文の詩序も読みごたえがある。その一節を掲げよう。

海東国、日本為大。服聖人之訓、有君子之風。正朔本乎夏時、衣裳同乎漢制。歴歳方達、継旧好于行人。滔天無涯、貢方物于天子。
（海東の国、日本を大と為す。聖人の訓に服し、君子の風を有す。正朔は夏の時に本き、衣裳は漢の制に同じなり。歳を歴て方に達せんとし、旧好を行人に継ぐ。滔天に涯なくして、方物を天子に貢ぐ。）

右にかかげた二首の送別詩を口ずさみ、読み比べているうちに、さまざまな疑問がおのずと生じてくる。つまり、長安を起点とすれば、陸続きでただ一歩先の西域はなぜ「故人なからん」の異界と目されるのか。かたや一年もかかって危険きわまりない海彼の日本はなぜ「君子の風を有す」という親近感が持たれるのか。言いかえれば、物理的距離と心理的距離感とがまったく反比例しているのはいったい何に由来しているのか、いろいろと考えさせられる。

以上の諸疑問を念頭に置きながら、中日韓の古文献を調べ始めると、これまで熟知した史料でも、その行間字裏にかくれていた新しい意味合いが浮上して見えてくるのである。たとえば、『旧唐書・日本伝』にみえる次の記事である。

開元初、又遣使来朝、因請儒士授経。詔四門助教趙玄默、就鴻臚寺教之。（中略）所得錫賚、盡市文籍、泛海而還。

（開元の初めに、また遣使して来朝す。因って儒士の経を授くるを請う。四門助教の趙玄黙に詔して、鴻臚寺に就いて之れを教えしむ。（中略）得る所の錫賚、尽く文籍を市い、海に泛んで還る。）

「錫賚」とは、外国使節が奉った朝貢品（方物、土産など）に対して、唐王朝が答礼として与えた「回賜物」である。布帛が主要な貨幣として用いられていた唐代にあっては、錫賚にあてられたのは殆どシルク類だろうと考えられる(1)。

したがって、シルクを目指してやって来、シルクを満載して帰る西域の使節が往来する通路を「シルクロード」と称するならば、わたしは回賜のシルクをなげうって「尽く文籍を市い、海に泛んで還る」遣唐使の行き交う海路を「ブックロード」と命名した。

一九九六年前後に「ブックロード」を提唱して以来、はやも二十年の歳月が過ぎさった。その間に、国内外の研究者により、個別的な事実究明や文明論的構築などいろいろな学問的進展はあったものの、中日間ひいては東アジアにおける書籍流通の全容およびその文化的影響のメカニズムを、依然として解明していない部分が多々ある。

本稿では、奈良時代の不思議な一切経写経数を問題提起し、『奉写一切経所解』や『東大寺六宗未決義』などの古文書を史料として、日本側の挙国体制ともいうべき求書システムの一端を解明しようとする。

一　不思議な写経数

古今東西を問わず、書籍の異国間の伝播は必ずや言語の壁に阻まれ、ふつう「翻訳」という手段を省くことはできない。ところが、東アジア世界においては、漢字の表意性は音声の言語を超越して、視覚による情報の伝達をさまたげなく可能にする。

したがって、ブックロードによって日本に伝入した漢文の書籍は、そのまま読まれ、または大量に複写されて読者層を広げていったのである。こうして、奈良時代に数多くの公私写経機関が生まれ、中国大陸や朝鮮半島から伝来した書籍はすみやかに書写されるのである。

一切経の書写は、飛鳥時代すでに始まったと推定される。『日本書紀』によれば、天武天皇二年（六七三）三月に、「聚書生、始写一切経於川原寺（書生を聚めて、始めて一切経を川原寺に於いて写せしむ）」とある。写経の規模は明らかではないが、それより二十年も前の白雉二年（六五一）に二千百あまりの僧尼を味経宮に集めて、「於味経宮、請二千一百余僧尼、使読一切経（味経宮に於いて、二千一百余の僧尼を請い、一切経を読ましむ）」とある記録から、天武期の写経事業の規模はより大きかったと推察される。

おそらく日本朝廷は国内外に仏教書をひろく探し求め、持続的に一切経の充実を進めたようである。(2) くだって奈良時代になると、遣唐使派遣の最盛期到来とともに、唐からの書籍輸入量が急増しつつあった。その顕著な例は、入唐僧玄昉による一切経の将来である。『続日本紀』巻十六、天平十八年（七四六）六月十八日の玄昉卒伝に、その入唐の成果をたたえて、「天平七年、随大使多治比真人広成還帰、齎経論五千余巻及諸仏像来（天平七年、大使多治比真人広成に随って還帰し、経論五千余巻及び諸仏像を齎して来たり）」とある。

玄昉は養老元年（七一七）入唐し、天平七年（七三五）に帰国したが、約二十年間の留学成果として「経論五千余巻」を持ち帰ったのである。それはまぎれなく、開元年間の唐の一切経であったに違いない。開元十八年（七三〇）智昇の編んだ『開元釈教録』（「開元録」または「開元蔵」と略することもある）は現定入蔵録(3)として、一〇七六部五〇四八巻を著録している。

玄昉は前掲の卒伝に「唐天子尊昉、准三品令着紫袈裟（唐の天子、昉を尊び、三品に准じて紫袈裟を着しむ）」とみえ、帰国の褒美として一切経を書写して贈られたのであろう。ここで注目すべきは、この膨大な数の一切経がすぐに光明皇后の写経所に提供し、書写が始められたことである。これらの写経は、天平十二年（七四〇）五月一日の光明皇后の願文を持つことから、「天平十二年経」や「五月一日経」と呼ばれることもあるが、玄昉が帰国した翌天平八年（七三六）九月から将来経を底本とする書写事業がはやくも始まっていた。(4)

開元年間の一切経将来は、日本の写経事業に拍車をかけた。二十数年後の天平宝字五年（七六一）正月二十五日の『奉写一切経所解』に「合奉写大小乗経律論賢聖集別生疑僞並目録外経惣五千三百卅巻」とある。「五千三百卅巻」とは『開元釈教録』の著録する「五〇四八巻」より二八二巻も多くなる、にわかに信じられない数字である。

前掲の天平八年九月から本格的に始まった光明皇后の発願経も二十年間ほど続けられた結果、総巻数は約七千巻に及んだと推定され、『開元釈教録』の入蔵録数をはるかに上回っている。奈良時代の一切経は何故、同時代の唐の一切経数を凌駕したのか。

この問題に関して、先学によりすでに取りあげられ、ほぼ解決された感がある。たとえば、山本幸男氏や山下有美氏らは、光明皇后の発願経が玄昉将来経を一部底本に書写しながら、『開元釈教録』に排除され、もしくは収録されていなかった別生経・偽疑経・録外経を多く採録したことが原因であると指摘している。(5)

唐の智昇が『開元釈教録』撰述において入蔵のハードルを高く設け、梵本を重視して本土を軽視し、道世の『法苑珠林』のような名著も排除したのに対して、日本側は入蔵条件を緩やかにし、別生経・偽疑経・録外経のみならず、高僧の章疏類も極力採録している。こうした唐と日本の一切経観の相違が両国の一切経数の落差をもたらしたとの先学の指摘には賛同するが、本稿は日本側の入唐求書の姿勢と国家的システムに着目し、奈良一切経の驚異な数を別の角度から解明してみたい。

二　『奉写一切経所解』

前掲の「合奉写大小乗経律論賢聖集別生疑偽並目録外経惣五千三百卅巻」と記録する天平宝字五年（七六一）正月二十五日の『奉写一切経所解』より約二か月後、皇室に直結する奉写一切経所は三月二十二日の日付で、もう一通の『奉写一切経所解』を発行した。内容は「合大小乗経論賢聖集別生並目録外経総一百七巻」を追加書写するため、朝廷より紙などの支給を要求したものである。ちなみに、天平宝字五年三月二十二日の時点で、奈良時代の一切経数は五四三七巻に達し、『開元釈教録』の入蔵録に比べて、三八九巻多くなっている。

以下、叙述の便をはかって、天平宝字五年三月二十二日の『奉写一切経所解』を『大日本古文書（編年文書編）』第四巻（四九六～四九九頁）より全文かかげておく。（数字番号および☆印と★印はすべて引用者がかりにつけたものである）

合大小乗経論賢聖集別生並目録外経総一百七巻
　用紙一千八百卅二張
大乗経　廿六巻
大乗論　一巻
小乗経　一巻
小乗論　卌七巻
賢聖集　千巻[6]
別生経　九巻
目録外経　十二巻[7]
　右目録
大乗経
（01）方広大荘厳経　十二巻　二百六十六紙
（02）大乗方広総持経　一巻　十四
（03）文殊師利現宝蔵経　三巻　卌三
（04）証契大乗経　二巻　卅四
（05）無極寶三昧経　一巻　廿
☆（06）大荘厳法門経　上巻　十三
（07）浴像功徳経　一巻（三蔵義浄訳）　四
☆（08）宝雨経　五巻（一、三、四、六、七）　一百
大乗論
（09）顕揚聖教論頌　一巻　十四
小乗経
（10）雑阿含経　一巻　廿二
小乗論
（11）阿毗達磨集異門足論　廿巻　二百八十八
（12）阿毗達磨品類足論　十八巻　二百六十七
★（13）阿育王経　九巻（欠第七）　百十三
賢聖集
（14）禅法要解　二巻　卅六
（15）勧發諸王要偈　一巻　九
★（16）金七十論　二巻（欠第一）　卅六
（17）勝宗十句義論　一巻　十三
★（18）集古今仏道衡　一巻（第一　欠三）　廿七

（19）甄正論　三巻　　冊七

別生経

★（20）摂大乗論釈　九巻（欠十、十一）　　二百冊七

目録外経

（21）花厳十悪経　一巻　　八

☆（22）一切経正名　第四巻　　十八

（23）集要智因論　一巻（注）　　五十一

（24）摂大乗論釈　十巻（大業訳）　　一百六十二

以前経論、並是旧元来無本、去天平勝宝六年入唐廻使所請来。
今従内堂請、奉写加如前、謹解。

天平宝字五年三月廿二日　史生下道朝臣

外従五位下行大外記兼坤宮少疏池原公

造東大寺司主典安都宿禰

まず文書の最後の部分、すなわち目録の奥書にあたる記文に注目しよう。「以前経論」とは目録に挙げた「一百七巻」の仏書のことである。それらは「並是旧元来無本」とあるから、これまで日本に無かったものばかりで、天平勝宝六年（七五四）帰国の遣唐使によって初めて請来されたものである。そこで、天平宝字五年（七六一）三月二十二日に、史生の下道朝臣と外従五位下行大外記兼坤宮少疏の池原公とが連名で追加書写を申し出たのである。

天平勝宝期の遣唐使に伴われて来日した鑑真も多くの仏教経典を日本にもたらしたが、そのうち約半数はすでに日本に伝わったものである(8)。同時期に帰国した遣唐使らが持ち帰った仏書がすべて「旧元来無本」であるならば、おのずと問題が生じてくる。つまり、鑑真が奈良時代の一切経事情を知らずに日本にあったものをもたらしたとすれば理解できるが、遣唐使らは如何にして日本にあったものとなかったものを識別できたのか。

石田茂作氏はこれと違う見解を示し、『大荘厳法門経』と『宝雨経』そして『阿育王経』はいずれも初伝書ではないと指摘する。

大荘厳法門経の如き、既に天平十四年に書写されているけれども、それは下巻のみで此のとき、上巻を伝えて、茲に初めて両巻揃ったわけであるし、又宝雨経の如きも、天平十四年には第二、五、八、九、十の巻のみであったが、此のときその缺の第一、三、四、六、七を伝えている。阿育王経も以前にはあるが、それは五巻のもので此のときその缺を補って今の十巻のものにしている(9)。

石田茂作氏は再伝書を三部指摘し、再伝の理由を日本にあったのが闕本であるからとしている。この作業をさらに進めていくと、前掲『奉写一切経所解』にある二十四部のうち、四分の一強を占める七部は完本ではないことが明らかになった。

☆（06）大荘厳法門経　上巻

☆（08）宝雨経　五巻（一、三、四、六、七）

★（13）阿育王経　九巻（欠第七）

★（16）金七十論　二巻（欠第一）

★（18）集古今仏道（論）衡　一巻（第一　欠三）

★（20）摂大乗論釈　九巻（欠十、十一）

石田茂作氏の解釈は右の七部のすべてには当てはまらない。たとえば、『阿育王経』について、氏は「以前にはあるが、それは五巻のもので此のときその缺を補って今の十巻のものにしている」と述べる。十巻本のうち五巻の闕本が既伝のものであれば、「九巻」を持ち帰ると、少なくとも四巻が既伝のものとダブってしまう。詳細の調査はしていないが、奈良時代の写経記録に、『阿育王経』の書写記録を十五回検出し、うち五巻は十回、四巻は二回、二巻と一巻そして巻数不明のものは各一回である。西晋の安法欽訳『阿育王伝』五巻と梁の僧伽婆羅訳『阿育王経』十巻は同本異訳であるとされる。[10]一つの可能性として考えられるのは、既伝書は安法欽訳本、新伝書は僧伽婆羅訳本である。ところが、それでも不可解な問題が残る。つまり、かりに天平勝宝期の遣唐使が将来したのは新訳の十巻本『阿育王経』であるとすれば、なぜ第七巻を欠いて九巻のみ持ち帰ったのだろうか。

ここで、「阿育王経　九巻（欠第七）」の「欠」の注記に注目すれば、前掲七部のうち四部（★印のついたもの）に「欠」の字がついていることがわかる。これらの零巻は石田茂作氏のいうように「缺を補って」将来したものではないらしい。

三　『可請本経目録』

石田茂作氏は『大荘厳法門経』と『宝雨経』そして『阿育王経』はいずれも初伝書ではないと指摘してから、その間の事情を以下のように感嘆を交えて推論している。

これらより考えると、此の入唐廻使の将来経は豫め立案して将来されたものの様である。想うに当時遣唐使の入唐するに当って、在国の学匠よりこれこれの経論が足らぬからとの依頼でもうけて、それによって将来されたものではあるまいか。その辺の確かなる消息を知る事の出来ぬのは甚だ遺憾であるけれども、兎に角、斯る多くの而も従来未渡の経巻が入唐廻使に依って将来された事は、経典伝来史上特筆大書すべきことである。[11]

遣唐使が出発する前に、学匠らの求書依頼で「豫め立案し」たと察知した慧眼には敬服する。石田茂作氏は「その辺の確かなる消息を知る事」ができないと感嘆し、さらなる探求をなされなかったが、天平勝宝四年（七五二）正月二十五日の『可請本経目録』にその回答を見つけることができるかもしれない。

『大日本古文書（編年文書編）』第十二巻（二一〇頁）に収録された『可請本経目録』は百四十九部の仏書リストを挙げている。ほとんど日本にないか、残巻しか伝わらないものである。

この文書が発行された天平勝宝四年正月二十五日という日付は甚だ微妙なものである。それより二年前に遣唐使の任命があり、[12]そして二か月後には遣唐使の拝朝儀式が行われ、いよいよ出発の途につく。[13]筆者の憶測ではあるが、約二十年ぶりに遣唐使が任命されると、仏教界はさっそく動きだし、唐に求めるべき書籍のリストを作成、そして遣唐使が平城京を発って出航する直前に、それらを「闕本目録」のようなものにまとめて託したと考える。

その証拠として、『可請本経目録』に含まれた以下の十三部は、天平勝宝四年閏三月ごろ出航し、同六年（七五四）正月に帰国した遣唐使によって持ち帰られた。（番号は便宜上、前掲の天平宝字五年三月二十二日の『奉写一切経所解』の将来書目録にしたがった）

(01) 方広大荘厳経　十二巻（大方広普賢菩薩所説経、一名「神通遊戯」、或曰「大方広経」）
(02) 大乗方広総持経　一巻（或無「乗」字）
(03) 文殊師利現宝蔵経　三巻（或二巻、或無「現」字、或直云「宝蔵経」）
(04) 証契大乗経　二巻（亦名「入一切仏境智陪廬遮那蔵」）
(05) 無極寶三昧経　一巻（或無「三昧」字）
(07) 浴像功徳経　一巻（三蔵義浄訳）
(13) 阿育王経　十巻
(14) 禅法要解　二巻（一名「禅要経」）
(15) 勧發諸王要偈　一巻
(16) 金七十論　三巻（亦名「僧法論」、或二巻）
(17) 勝宗十句義論　一巻
(18) 集古今仏道論衡　四巻（或三巻）
(19) 甄正論　三巻

右の通り、天平勝宝期の遣唐使が持ち帰った二十四部の経典中、十三部も『可請本経目録』に検出されたことは、両者の密接な関連を推察させる。一方、『可請本経目録』にあって遣唐使が将来できなかったものは、おそらく次回の遣唐使に回されるだろう。そのように考えれば、天平宝字五年三月二十二日の『奉写一切経所解』にあって『可請本経目録』に見えなかったものは前回の遣唐使から回された可能性を排除しがたい。ここで、『奉写一切経所解』に注記された「欠」の意味するところをもう一度考えてみよう。

『阿育王経』について、『可請本経目録』は「十巻」とし、明らかに既伝の「五巻」本とは違うものを指すが、なんらかの事情で九巻しか入手しなかったので、「欠第七」と注記し、次回の遣唐使に求書を指示しているように考えられる。

『金七十論』について、これまでの奈良写経目録にみえず、『可請本経目録』は「三巻」としながらも「亦名「僧法論」、或二巻」と情報を正確に把握していないが、『奉写一切経所解』は遣唐使の新しい情報を得て三巻と確定し、求得できなかった一巻を「欠第一」と明記している。

『集古今仏道論衡』について、『可請本経目録』はそれも「四巻（或三巻）」として不確かな情報しか持っていなかったが、『奉写一切経所解』では四巻と確認し、「一巻（第一　欠三）」と記しているのは、第二～四巻を求め得なかったことを意味する。

四　『東大寺六宗未決義』

遣唐使の派遣と密接な関係を有すると推定される『可請本経目録』は、如何にして作成されたか、なおも不明なことが多くある。ただし、『五門禅経要用法』一巻の傍注に「伊吉寺」とみえ、この闕本の情報が伊吉寺から発せられたことを示唆する。しかし、ことの詳細はわからない。

幸いなことに、『大日本仏教全書』第三巻「諸宗用義集」に収録された『東大寺六宗未決義』と題する文書は、問題解明の手がかりとなる。この資料はすでに松本信道氏より詳しく紹介され[14]、学界にひろく知られてはいるが、ここでは仏書流通の視点から解読してみたい。まず奥書にあたる部分を掲載しておく。

右被去宝亀六年十二月十三日綱所牒称、了事学頭専為別当、請率供別知法大法師並聴利僧等、勘出各宗一切経論草疏伝集等所疑文義等、寄返学僧等以決所疑者。今依牒旨、注顕別宗未決文義並未度来書等、申上如件、以牒上。宝亀七年二月五日。[15]

（右、去る宝亀六年十二月十三日の綱所の牒を被るに偁く、了事の学頭専ら別当と為り、供別の知法の大法師並びに聴利僧らを請い率いて、各宗の一切経論・草疏・伝集など文義を疑する所などを勘出し、返学僧らに寄せ、以て疑する所を決せんなり。今、牒の旨に依り、別宗の未決文義並びに未度来書などを注顕し、申上すること件の如し。以て牒上す。宝亀七年二月五日。[16]）

右文は難解な変体漢文で、訳文にあまり自信はないが、大意はおおむね以下のように理解される。

東大寺は宝亀六年（七七五）十二月十三日の僧綱所の牒により、各宗の学頭が指揮を取り、一門の碩学を引率して一切経の疑問点を集めて返学僧に託して唐決を求める。宝亀七年二月五日に、その作業を終了し、「未決文義」と「未度来書」のリストを作成して、僧綱所に提出したという。

この奥書は豊富な内容を有し、個別的に吟味すべきところが多々あるが、紙幅に限りがあるので、以下は「返学僧」と「未度来書」に焦点を絞って考察してみたい。

「寄返学僧等」について、松本信道氏は「学僧等に寄せ返し」と読み下し、「学僧」を「学問僧」あるいは「留学僧」の略と考える[17]。「寄返」を一語に捉えれば、この文書が僧綱所の牒への返牒であるため、学僧が牒の発行者となり、そして各宗の錚々たる学頭がその指導下に置かれた学僧らに「牒上」するという行為は、理屈的にも辻褄が合わない。

もう一つ、「学僧」を「学問僧」あるいは「留学僧」の略とする見解にも無理がある。海を渡って学ぶものを「学僧」と称する例は、寡聞の及ぶかぎり知らない。そもそも初期の遣隋使にしたがって海外で勉強するものは、仏教専門なら「学問僧」、儒学などを専門とするものは「学生」と呼ばれていた。八世紀の遣唐使時代になると、現地に留まって学ぶものを「留学僧（留まる学僧）」または「学問僧」、同じ船で還るものを「還学僧（還る学僧）」または「請益僧」と呼び分けるようになった。

要するに、「留学僧」は若者を中心とし、異国で二十年ほど滞在して勉強するものであるが、「学問僧」はキャリアを積んだ有識者を中心とし、一年ほど滞在して専門性の高い教義上の疑問を請益するものである。両者を混同してはいけない。『東大寺六宗未決義』の奥書にみえる「返学僧」は「還学僧」のこと、「学問僧」あるいは「請益僧」と同じ意味を持ち、「未決文義」を託される当然の人選である。

『続日本紀』を調べると、同じ宝亀六年の六月十九日に遣唐使の任命記事があり、その半年後に僧綱所の牒が発せられ、遣唐使任命との連動をあきらかに見て取ることができる。思うに、遣唐使派遣にともなって、朝廷は仏教者だけでなく、儒学や法律そして天文や地理、さらには医学や音楽そして舞踊や囲碁などを学ぶものも留学生として随行させていた。僧綱所の発行したような牒は、他の官庁からも様々な組織あてに出されたはずである。また僧綱所の牒は当然のことながら、東大寺だけに発したものではなかっただろう。ここで、前掲の『可請本経目録』に収録した『五門禅経要用法』に「伊吉寺」とある傍注は、注目に値する。僧綱所は各寺院や宗派から回収された教義上の疑問と一切経の闕本を整合し、「未決集」や「闕本目録」のようなものを作成して遣唐使に渡したと推定される。「未決集」の場合は現存する十種類以上の「唐決集」にその大概を見ることができ、「闕本目録」の例として『可請本経目録』を挙げることができる。

五　草本と真本

前節で取りあげた『東大寺六宗未決義』は「六宗」とかかげているが、内題につづいて「六宗者、花厳、法相、三論、成実、倶舎。今一宗不載之、而是律宗歟（六宗は、花厳、法相、三論、成実、倶舎なり。今、一宗これを載せずるは、而してこれ律宗ならんや）」との注記がみえ、実質上律宗を欠いた五宗のみである。

天平勝宝期の遣唐使にしたがって来日した鑑真僧団は、奈良に律宗を開山し、布教に励んだ功あって、僧綱所の牒が出された宝亀六年（七七五）当時、律関係の書籍も決疑の高僧も充実していたから、「未決文義」と「未度来書」を提出しなかった可能性もある。

『東大寺六宗未決義』は華厳宗（六條）、法相宗（十九條）、無相宗（三論宗、十條）、成実宗（二条）、倶舎宗（一條）の順で、五宗の「未決文義」と「未度来書」を列挙している。華厳宗は「未決文義」六條のみで、「未度来書」に触れていないので、残りの四宗の「未度来書」に関連する内容を抜粋し、考察を加える。

（一）法相宗

「基法師因明論疏上巻、初除所因門、外更有序。此間雖在本、甚（考、甚恐勘）草、不得伝流。真本可請。」

日本に既伝の窺基法師の『因明論疏』上巻は「甚草」とされるが、『大日本佛教全書』は「甚」に対して「恐勘」と校異。これは間違いで「甚だ草書体である」という意味、したがって判読できず、流通を妨げるから「真本」を求めようとしたわけである。ここでは、「草本」と「真本」の概念は対峙的に用いられている。

（二）無相宗

（1）「大乗妙智経、中観心論（清辨菩薩造）、般若燈論（清辨菩薩訳）、大仏頂経疏、分別明菩薩般若燈論疏、吉蔵師二十巻草。右件経等、雖聞其名、未得其実。冀因使求。」

「右の件の経等、その名を聞くと雖も、未だにその実を得ず」とあるが、それは前の五部を指すものと思われ、「吉蔵師二十巻草」の「草」字から推量すれば、「吉蔵師二十巻」は草書体に書写されたもので、闕経とともに「冀わくは使によって求めん」ことを希望している。「使」とは遣唐使のことである。

（2）「右二條義、唯聞彼家言、未見此宗文。（中略）今附学生、請其誠文。」

二條の「未決文義」をめぐって、その出典の書籍を「学生に附して、その誠文を請う」としている。「誠」は完全や真実の意味あり、ここの「誠文」は「真文」や「完本」の意味に用いられる。ちなみに、「学生」は奥書にみえる「返学僧」のことである。

（3）「右此疏末、湜師云、『此疏聊附草本、多不如法、幸恕之。』恐是草本、而蓋違謬焉。請求真本。」[18]

「此疏」は『肇論疏』のこと、「湜師」は僧玄湜を指す。その巻末に「この疏、聊か草本を附す云々」の奥書によって、「草本」「違謬」と断定し、「真本を請い求む」のである。ちなみに、『大正新修大蔵経』本の『肇論论疏』巻上に「校本云、大唐開元廿三年歳在乙亥閏十一月卅日、楊州大都督府江都県白塔寺僧玄湜、勘校流伝日本国大乗大徳法師。使人発促、無暇写。聊附草本、多不如法、幸恕之。後叡師・源師還、更附好本耳。天平勝宝六年七月十九日写竟」とあり、巻下には「写本奥記云、大唐開元廿三年歳閏十一月十四日、楊州大都督府白塔寺沙門玄湜、写略存記。本不足観、嘱勘校聊定、永欲流伝於日本国大徳視聴。然康公製、信詞兼行。其中意義、或未尽処。幸諸賢者、詳而覧焉云云」との奥書がつけられている。ここで、「草本」は草書体で書写された本という意味だけでなく、「多不如法」という書写態度にかかわる問題を含み、書式の乱れや字句の誤写などが多かった写本のことを示唆する。この線で考えていくと、「草本」と対比される「真本」も二種の意味合いを含む。つまり、草書体に対しては真書体（唐では楷書のこと）、書式の乱れや誤写の多いものに対しては「好本」である。

（三）成実宗

「未度書、成実論新撰疏并章抄等、可採求也。」

（四）倶舎宗

「未度書、安慧論師所造倶舎糅釈、施設足論並疏、顕宗論疏、順正論疏。」

以上見てきたように、『東大寺六宗未決義』にみえる「未度来書」は日本に伝わらなかったもの、日本に「草本」はあるが「真本」や「好本」がなかったもの、その両方を含んでいる。

むすびに

奈良時代の一切経数が唐の『開元釈教録』を凌駕して驚異的な数字に跳ねあがった背景には、日本側の挙国体制の書籍将来システムと仏教界の孜々たる求書の姿勢とが持続的に作用している事情がある。

まずは挙国体制の書籍将来システムについて考えてみる。

宝亀七年（七七六）二月五日の『東大寺六宗未決義』によれば、遣唐使が任命されてまもなく、朝廷は僧綱所を通して各寺院各宗派に通達を発し、日本になかった「未度来書」を調査させ、僧綱所に調査結果を報告させるプロセスが明らかになった。

僧綱所は各寺院各宗派から回収した調査結果を確認してのち、それらを「闕本目録」のようなものにまとめて、遣唐使が奈良を発つ前に大使もしくは随行の入唐僧（返学僧）に託し、唐での求得を依頼する。天平勝宝四年（七五二）正月二十五日『可請本経目録』はおそらく二か月後離京する遣唐使に渡された「闕本目録」であろう。

遣唐使は海をわたって書籍を求める公的な使命を背負っていた。唐での求書の実態は豊富な証左資料が現存しており、ここでは深く触れないが、天平勝宝期の遣唐使は前掲の『可請本経目録』にもとづいて極力書籍を捜し求め、大きな成果を挙げたことは、平宝字五年（七六一）三月二十二日の『奉写一切経所解』によって裏づけられる。

つぎに、仏教界の孜々たる求書の姿勢について考えてみる。

奈良時代の中日間往来は、想像を絶する多大な犠牲を払い、死神と背中合わせの危険極まりない旅であった。そのため、仏教界は遣唐使が任命される度に、詳細に既伝書を点検し、「未度来書」のリストを僧綱所に報告する。その伝統は平安時代にも受けつがれ、入唐八家の将来目録を調べれば、相互に重複する書籍は極端に少ないことがわかる。

既伝書の調査は「闕本」のみならず、巻数にまでおよんだと思われる。欠巻のあるものは欠けた巻のみ「未度来書」のリストに編入し、ここに完本を求めようとする真摯な姿勢を見てとることができる。

さらに、日本では一般の仏教徒が読みづらい草書体の写経、あるいは書式がくずれ、あるいは誤写が多く、あるいは虫食いがひどい書籍に対しても、「真本」や「好本」そして「誠本」の将来を遣唐使に依頼する。

唐では一切経から排除しがちの別生経や疑偽経そして目録外経や高僧の章疏類をひるく集めて一切経として書写する。これはある意味では奈良時代の唐本好みの世相を反映させている。

以上のように、奈良時代の一切経が膨大な数に膨らんだこと、今でも日本に多くの古写本が保存されていることは、このような社会的風土、宗教的風土によるものであろう。

（オウ　ユウ・中国・復旦大学・浙江工商大学東亜研究院）

註

（1）王勇『ブックロードと東アジア通貨』、河野貴美子、王勇編『東アジアの漢籍遺産―奈良を中心として』所収、勉誠出版、二〇一二年七月版。

（2）『日本書紀』巻二九、天武天皇四年（六七五）十月三日の条に「遣使於四方、覓一切経」とある。天武天皇が一切経書写を初めて二年後の出来事である。

（3）『開元釈教録』巻十九は大乗経律論の入蔵録、巻二十は小乗経律論および賢聖集伝の入蔵録。

（4）正倉院文書の『写経請本帳』に「自天平八年九月廿九日始経本請和上所」とみえる。『大日本古文書（編年文書編）』第七巻、五四頁。

（5）詳細は以下の諸論考を参照されたい。①山本幸男氏『玄昉将来経典と「五月一日経」の書写（上）』、『相愛大学研究論集』二二号、二〇〇六年三月、②山本幸男氏『玄昉将来経典と「五月一日経」の書写（下）』、『相愛大学研究論集』二三号、二〇〇七年三月、③山下有美『五月一日経における別生・疑偽・録外経の書写について』、『市大日本史』三号、二〇〇〇年五月。

（6）「千」は後文の目録により「十」の誤写であると判断する。

（7）「十二」は後文の目録により「十三」の誤写であると判断する。

（8）石田茂作氏の調べによれば、鑑真が将来した三十五部中の十七部は既伝のものであるとされる。石田茂作『写経より見たる奈良朝仏教の研究』、東洋文庫論叢第十一、東洋文庫、一九三〇年五月版、三二～三六頁。

（9）石田茂作『写経より見たる奈良朝仏教の研究』、東洋文庫論叢第十一、東洋文庫、一九三〇年五月版、四〇頁。

（10）王浩壘『同本異訳「阿育王伝」與「阿育王経」詞彙比較研究』、浙江大学博士論文、二〇一二年。

（11）石田茂作『写経より見たる奈良朝仏教の研究』、東洋文庫論叢第十一、東洋文庫、一九三〇年五月版、四〇頁。

（12）『続日本紀』巻十八天平、勝宝二年（七五〇）九月二十廿四日の条に「任遣唐使、以従四位下藤原朝臣清河爲大使、従五位下大伴宿祢古麻呂爲副使、判官主典各四人」とある。

(13)『続日本紀』巻十八、天平勝宝四年（七五二）三月三日の条に「遣唐使等拝朝」とみえる。
(14) 松本信道『「東大寺六宗未決議」の思想史的意義』、『駒沢史学』六一号、二〇〇三年十一月。
(15)「草疏」とあるが、「草」は「章」の誤写ではあるまいか。
(16) 奥書は松本信道の訓読文を参酌して訳出した。松本信道『「東大寺六宗未決議」の思想史的意義』、『駒沢史学』六一号、二〇〇三年十一月。
(17) 松本信道『「東大寺六宗未決議」の思想史的意義』、『駒沢史学』六一号、二〇〇三年十一月。
(18)『肇論疏』のことを指す。

ネットワークとしての東大寺

ブライアン・ロゥ

日本古代の仏教をどのように定義するか、という問題をここでは考えてみたい。黒板勝美氏をはじめとして、「国家仏教」(1)という言葉を使う傾向はいまだに強く、そこには戦後の井上光貞氏の国家仏教論(2)の強い影響がまだまだ色濃く残っているといってよかろう。近年にあっては井上説が批判されつつあり、以前は鎌倉時代にできたと思われていた、いわゆる「民衆仏教」というものが奈良時代にも国家の仏教と並存していたのだというふうに、少しずつ違う考え方も見えてきている。(3)しかしながら、まだまだ古代仏教の定義を再検討する余地がある。特に後述するように「国家対民衆」という図式はすでに有用性の限界に達しており、新しい角度から古代仏教を見直す時期がきたのではないかと筆者は感じている。

本論では「ネットワークとしての古代仏教」というモデルを提案したい。特に「国家対民衆」という図式とは逆に、国家、地方豪族、いわゆる民衆の共通点や関わりを取り上げる。ネットワークというモデルは東大寺に限られたものではないが、GBS論集への寄稿ということで主に東大寺に注目して、本論では特に寄進活動というテーマに絞って考えたい。東大寺は国家仏教の施設や象徴だと位置づけられることが多いが、天皇クラス以外に東大寺や他の官大寺にどういう人たちが寄進していたか、その寄進はどういう意味があったか、というような社会史的、宗教史的な二つの質問に絞って考察していく。

一　先行研究と諸問題

東大寺の寄進ネットワークという本論に入る前に、国家仏教論と国家仏教論に対しての批判を概観しておこう。別稿(4)で論じたように、国家仏教論には意外と長い歴史があり、明治時代から加藤咄堂氏(5)や境野黄洋氏(6)の仏教運動家の仏教史研究に国家仏教論的な考え方がすでに見られる。その後、大正・昭和初期に黒板勝美氏(7)という有名な国史学者が国家仏教という言葉を使い始め、そして辻善之助氏(8)が国家と仏教の密接な関係についてより深く検討した。戦後、二葉憲香氏(9)や井上光貞氏はおそらく自らの戦争体験をもとに、政治的な国家仏教に対してより批判的な態度を取る。井上氏は主に国家による仏教統制・保護、そして仏教の呪力による国家繁栄という三点を強調し、これは通説となった[10]。

近年、井上説に対しての不満が頻出している。特に吉田一彦氏は激しく国家仏教論を批判し、「国家の仏教は古代仏教の一部を構成したにすぎず、他に貴族の仏教や宮廷の仏教、また地方豪族の仏教や民衆の仏教」も存在していたと論じ、奈良時代の仏教には多様性があったという重要な指摘をした[11]。このような批判は吉田氏に限らず、近年の研究環境では大艸啓氏が簡潔に表現したように「国家仏教的な側面だけで説明することは難しいのではなかろうか。」という意見を認めなければいけない[12]。

筆者はこのような国家仏教論批判を妥当なものだと考えている。特に国家仏教という概念を奈良時代の仏教に包括的に適用するのには無理があるだろう。しかし、国家仏教論を拒否すれば、他の疑問が生じ、それらに答える必要も生まれてくる。例えば、「国家の仏教」や「民衆の仏教」のような多様な仏教が古代にも存在していたと認めるなら、それらの関係は何だったのか。「国家の仏教」、「貴族の仏教」、「地方豪族の仏教」、「民衆の仏教」はまったく違う性格を持っていたのか、それともそれぞれの共通点があったのであろうか。そして、それぞれの信徒同志は関わりを持っていたのであろうか。このような比較的な質問を無視することはできない。言い換えるなら、多数の仏教の接触、共通点、相違点を社会史や宗教史の立場から検討する余地があるといえよう。こういう問題を明白にするため、次項でネットワークという概念について考えてみたい。

二　ネットワークという言葉について

ネットワークという言葉を古代仏教に対して用いた先行研究がある。吉川真司氏は既に官大寺の僧侶は地域社会でも修行や布教活動をしていたと指摘し、「仏都は畿内・近国の仏教ネットワークの中核にあった」と説明している[13]。また、三舟隆之氏は『日本霊異記』の説話や発掘された瓦などを用いて、「地方寺院ネットワーク」という考えを提唱したことがある[14]。ネットワークという言葉こそ用いなかったが、堅田修氏の官大寺への参詣[15]や鈴木景二氏の仏教と交通についての研究[16]にもネットワーク的な考え方が十分に見て取れる。

これらの研究に依拠しながら、ネットワークという概念を用いて古代仏教を再考する余地がまだあると筆者は感じる。まず、ネットワークという言葉が以前に使われていたといっても、その概念はあまり具体的に定義されてこなかった。次に、ネットワークの中でも「寄進」という活動があまり注目されてこなかった。本稿ではそれを明らかにしたい。また、現在まで研究されてきた畿内・近国の仏教ネットワークや地方寺院ネットワークだけではなく、地方と平城京を接続するネットワークがどれほどの広がりをもっていたのかという地理的な点をより検討しなければならない。最後に、社会階層を分析し、社会的にネットワークはどこまで及んでいたか、下層階級の信仰はどんなものであったのか考えてみる必要がある。本論ではそれぞれの右に挙げた質問を検討していきたい。

ここではまず論議の前提として、ネットワークの概念を取り上げる。社会学ではネットワーク論が既に百年にわたって使われてきているが、[17]最近、マヌエル・バスケスという宗教学研究者が宗教を理解するのに有意義なモデルだと位置づけた。[18]バスケス氏の研究にはいくつかの特出した点があるが、特に国家対民衆仏教の議論を繋ぐ可能性について概説してみたい。

第一に、バスケス氏はネットワークが包括的なものではないと強調している。国家仏教論では、全ての奈良仏教は一つの定義に還元されてしまうが、ネットワークというモデルを用いれば多数の仏教、時には競合していた仏教が並存していたことを認めることができる。

第二に、国家仏教論に対する批判は、国家と民衆の二項対立を問題視するが、接続を強調するネットワークのモデルではそれぞれのグループの間の共通項、交流や交換がより明確にみえる。

第三の点は、第二と関連しているが、バスケス氏によると多くのネットワークは多方向的なものである。というのは、仏教はただ中央から地方へという流れだけではなく、中央と地方の交換過程を見る必要もある。

第四に、バスケスのネットワーク概念は物や人だけに限らず、アイディアも含まれている。ネットワークというモデルを用いれば、信仰や物語の流通が、国家仏教論の説明よりももっとはっきりと見えてくるはずである。同時に、物質面と精神面の関係・交換をネットワークとして検討することができるようになる。本論では、正史、日本霊異記や『東大寺諷誦文稿』を用いて、それらのいわゆる歴史的事実だけを探す他にも、それらの寄進についてのレトリックや信仰についても検討していく。

第五に、ネットワークを分析するとき、なぜ人々がネットワークを利用したか、なぜネットワークに参加したかを聞かなければいけないと氏は論じる。国家仏教論では天皇クラス以外の人たちが見えなくなる傾向があるが、ネットワークのアプローチではこういった人たちの動機も検討しなければいけない。史料上に動機が隠れていることが多いが、本論では、正史、日本霊異記、東大寺諷誦文稿のレトリック分析によって、社会的または宗教的な動機が見えてくると示唆していく。

第六に、民衆という概念は権力を無視する危険性がある。ネットワークを考えるとき、だれが参加できるのか、だれが除外されるのかという問題が明らかになり、権力を合わせて考えることができる。

最後に、国家や民衆という概念は比較的に固定されたものであるが、ネットワークの概念のほうが流動的で柔軟である。そのため、経時的な変化をより評価することができるメリットがある。

三　大仏造立の詔と東大寺のネットワーク

天平十五年十月十五日に聖武天皇は有名な大仏造立の詔を発した。

朕以薄徳、恭承大位、志存兼済、勤撫人物。雖率土之浜、已霑仁恕、而普天之下、未洽法恩。誠欲頼三宝之威霊、乾坤相泰、脩万代之福業、動植咸栄。粤以天平十五年歳次癸未十月十五日、発菩薩大願、奉造盧舎那仏金銅像一軀。尽国銅而鎔象、削大山以構堂、広及法界、為朕智識。遂使同蒙利益共致菩提。夫有天下之富者朕也。有天下之勢者朕也。以此富勢造此尊像。事也易成、心也難至。但恐徒有労人、無能感聖。或生誹謗、反堕罪辜。是故、預智識者、懇発至誠、各招介福、宜日毎三拝盧舎那仏。

自当存念各造盧舎那仏也。如更有人、情願持一枝草一把土助造像者、恣聴之。国郡等司、莫因此事、侵擾百姓強令収斂。布告遐邇、知朕意焉。[19]

まず、傍線を付している二つの「智識」という言葉は注目に値する。若井敏明氏が指摘するように天皇を中心とした知識（智識）によって事業を推進したことはこの詔の一つの特徴である。[20] 知識の原義は知り合いや友人であり、仏教では一緒に仏道に努力する信者の宗教団体を指す。古代日本では造寺、造仏、写経などを行い、平城京でも地方でも活躍していた。[21]

周知のように、聖武天皇が河内の知識寺に行幸したことは、大仏を造るきっかけであった。この詔はその経験をよく反映していると思われる。たとえば、「広く法界に及して朕が智識とす」と表現し、これは人々をあまねく知識という形で協力者とし、造仏しようという要望を表している。造寺造仏は一人で完成する仕事ではなく、知識という集団でするべきものと考えられていたに間違いない。その傍線部の続き「遂に同じく利益を蒙りて、共に菩提を致さしめむ」は造仏に協力すれば、参加者は利益・菩提を得られるという意味になる。大仏を造る功徳は聖武が一人で得るものではなかった。逆に知識の全員に同じように行き渡るものだということになろう。つまり、聖武は民衆からの参加や寄進を求めていただけではなく、その知識として参加した人に利益を約束していた。すなわち、知識として参加した協力者が国家に使われていただけだとは位置付け難い。協力者は自らの利益のためにも協力したからである。少なくともレトリックとして読み取れるが、後述するように寄進で実際に社会的な利益を得た人もいたし、宗教的な利益も得られる信仰が広がっていた。無論、石母田正氏が論じたように、この詔で天皇が主体的な役割をとったので、政治的権力と関係していないとは全く言えない。しかし、権力関係だけで説明ができるわけではなく、知識の人たちにとっては社会的・宗教的な意味もあり、それらの人たちの動機にも注意するべきであろう。

実際、大仏造立の詔に聖武自身が協力することは自発的でなければならないということを強調した。例えば、傍線部の「但、恐らくは、徒に人を労すことのみ有りて、能く聖に感くること無く、或は誹謗を生して反りて、罪辜に堕さむことを。是の故に智識に預かる者は懇ろに至れる誠を発し、各介なる福を招きて、日毎に三たび盧遮那仏を拝むべし。自ら念を存して各盧遮那仏を造るべし。（中略）国郡等の司、この事に因りて、百姓を侵し擾し、強ひて収め斂めしむること莫れ。」は人を苦労させたなら、誹謗や罪を増やすだけなので、功徳をもらうためにも誠実に参加する他はないと示している。知識として協力する人々は誠に参加する以外にも、一日三回盧遮那仏を拝むという条件も立て、その次に、自発的な参加で盧遮那仏を作るべく、国郡の司は絶対に百姓を強制してはいけないと描かれている。実際に百姓が強制させられたかどうかについては議論する余地があるが、聖武の意志は協力者に自分の意志で参加してもらうというレトリックだったということに異論はない。[22] つまり、参加者は当然何らかの理由・動機があって協力した。

最後に、聖武はどういう知識のメンバーから寄進を集めるのを目的としていたのだろうか。手がかりになるのは「如し更に人有りて、一枝の草、一把の土を持ちて像を助け造らむと情に願はば、恣に聴せ。」という箇所である。一枝の草、一把の土のようなわずかな供養でも呼びかけたというのは、貴族や地方豪族に限らず、貧困層からの寄進も求めていたように思われる。井上薫氏が指摘したように造寺・造仏にこのようにささやかなものでも、社会階層的に広く協力を求めたのは国分寺の造立と違って、日本で初めての例だったかもしれない(23)。貴族社会・地方豪族の階層のような人物を超えて、より多くの人を巻き込んだ計画だったのは興味深い。

以上をまとめると、東大寺は最初からネットワークとして機能する期待があったということがわかる。そして、そのネットワークは階層的に広く、国郡司への命令から分かるように地域的な広がりももっていた。そして、ネットワークに参加していた人々は少なくとも理想的には自発的にネットワークを作るべく、参加者の動機を無視することができないということを強調した。

四　造寺材木知識記と東大寺のネットワーク

大仏造立の詔は聖武の意志を表していたが、実際にどういう人物が寄進で東大寺造寺のネットワークに参加していたのであろうか。そのことを明らかにする「造寺材木知識記」というよく知られた史料がある(24)。

造寺材木知識記
材木知識五万一千五百九十人
役夫一百六十六万五千七十一人
金知識人卅七万二千七十五人
役夫五十一万四千九百二人
奉加財物人
利波志留志 米五千斛　河俣人麿 銭一千貫
物部子嶋 銭一千貫 車十二両牛六頭　甲賀真束 銭一千貫
少田根成 銭一千貫車一両 鍬二百柄　陽侯真身 銭一千貫 牛一頭
田辺広浜 銭一千貫　板茂真釣 銭一千貫
漆部伊波 商布二万端　夜国麿 稲十万束屋十間倉五十三間 栗林二丁 家地三町
自余少財不録之(25)

まず、この史料の性格を説明する必要がある。構造は最初に材木・金の知識と役夫の延べ人数(26)、そして個人として財物を寄進した人物の名前と物量、最後にその他についての簡略した文章で構成されている。『続日本紀』で造寺材木知識記に記録されている名前と寄進した物量が確認できるので、信頼性が高いと思われる。ただし、続日本紀と一致しない箇所も若干あるため、続日本紀を用いて作った史料だとは考えにくい。続日本紀で寄進したと確認できる名前が東大寺要録から漏れている場合や名前の表記が違う場合が見られるのである。例えば、天平勝宝元年四月一日に「進知識物人」として他田舎人部常世と小田臣根成の二人が同じく記録されている(27)。小田臣根成は「東大寺要録」の少田根成だと思われるが、他田舎人部常世は他に見られない。また、続日本紀は寄進者の叙位を受けた日によっての順番で、造寺材木知識記の全員は同じ記録に書かれていない。造寺材木知識記の順番がそれに全く従っていないとはいえるが、それがどういう順番で記されているのかは分からない。そして、利波志留志と板茂真釣の場合は寄進した物量の単位が異なる。例えば、

表1　「造寺材木知識記」の奉加財物人

氏　名	続日本紀の表記	寄進した量（要録による）	元　位	寄進によっての叙位	叙位した日付	本　拠	その他
利波志留志	礪波臣志留志	米五千斛	無位	外従五位下	天平19年9月2日	越中	続日本紀には米三千碩
河俣人麿	河俣連人麻呂	銭一千貫	大初位下	外従五位下	天平19年9月2日	河内	
物部子嶋	物部連族子嶋	銭一千貫 車十二両 牛六頭	外大初位下	外従五位下	天平20年2月22日	左京か	
甲賀真束	田河臣真束	銭一千貫	外従六位下	外従五位下	天平20年2月22日	近江・河内か	
少田根成	小田臣根成	銭一千貫 車一両 鍫二百柄	外従八位上	外従五位下	天平勝宝１年4月１日	備中か	
陽侯真身	陽侯史真身	銭一千貫 牛一頭	外従五位上か	従五位下か	天平20年2月25日か	左京か	
田辺広浜	田辺史広浜	銭一千貫	従六位上	外従五位下	天平勝宝１年8月２日か	左京・河内か	
板茂真釣	板持連真釣	銭一千貫	無位	外従五位下	天平勝宝５年9月１日	河内か	続日本紀には銭百万
漆部伊波	漆部伊波	商布二万端	従七位上	外従五位下	天平20年2月22日	相模か	
夜国麿	大友国麻呂	稲十万束 屋十間 倉五十三間 栗林二丁 家地三町	外少初位上	外従五位下	天平20年2月22日	近江か	

利波志留志は東大寺要録に寄進した量が米五千斛と描かれているが、続日本紀には礪波臣志留志という表記で米三千碩と描かれている。[28]つまり、東大寺要録と続日本紀の情報はほとんど同一であるが、造寺材木知識記は続日本紀以外の史料に基いて選集されたと思われる。続日本紀は恐らく叙位情報を記録するために記入されているが、造寺材木知識記は何の目的のために書かれたのか謎のままである。

しかし、造寺材木知識記の目的がわからなくても、寄進者の本拠を調べると、東大寺のネットワークを地域的に、多面的な角度から明らかにすることができる。例えば、利波志留志は越中国の人で、河俣人麻呂は河内国の人だと続日本紀で確認ができる。他は続日本紀に詳しく記録されてはいないが、推測できる本拠の多くは左京、河内、近江のように畿内、又は平城京からそれほど遠くないところであるが、越中以外にも備中や相模のようなかなり離れているところもある。また、後で紹介する「種々収納銭注文」という史料に伊予国の知識が見られる。[29]東大寺のネットワークは初期からも広がりをもっていたということになる。

造寺材木知識記に載っている人物は地方でも東大寺の初期荘園に活躍していた。周知のように越中と東大寺の関係は深く、東大寺の初期荘園が越中にいくつもあった。越中の東大寺開田図に利波志留志が著名を加えている。[30]続日本紀や造寺材木知識記の寄進した二十年後にも利波志留志がまた東大寺に墾田百町を寄進し、それは井山荘の主体部になった。[31]このように越中国の利波志留志は造寺材木知識記の寄進で東大寺との関係が終わったわけではなく、その関係は比較的親密であり、長期にわたった。

同様に、他の寄進者も寄進関係が後にも続いたと思われ、陽侯真身はその良い例である。造寺材木知識記や続日本紀で確認できるように陽侯真身は銭千貫と牛一頭を寄進して、天平二十年二月二十五日に外従五位上から従五位下まで叙位した[32]。その後、陽侯真身の四人の息子が天平勝宝元年五月五日に一人ずつ銭千貫を東大寺に寄進した[33]。陽侯真身は個人というよりも一家で東大寺と深い関係にあり、また一度だけではなくその後にわたり、寄進活動が続いた例として重要である。この場合、東大寺のネットワークは一世代に限らなかったと言えよう。

造寺材木知識記の寄進者は社会階層的にどういう人物だったのか。名前が載っている全員はかなりの量を寄進したので、裕福だったのに間違いない。「米五千斛」や「銭一千貫」程度が寄進できる人物は「民衆」とは位置づけしづらく、中級貴族や地方豪族だと考えたほうが自然であろう。殆どの場合はどうやってこれほど財物を蓄積したかが分からない。しかし、先行研究が指摘したように漆部伊波は相模出身であり、中央と地方を結ぶ交易活動を行っていたようである[34]。そのような活動を通して、私富の蓄積ができたと思われる。布を寄進したのは漆部伊波だけだったことはこの交易活動と繋がりがあるのであろう。

寄進する目的は叙位のためだと考える場合が多い。寄進者のほとんどは寄進した報酬として外従五位下まで叙位ができたと続日本紀で確認ができる。その中、板茂真鈞のように無位より急に高く叙位した人物や陽侯真身のように少ししか位が上がらなかった人物も存在した。まだ外従五位下まで上がっていない人の叙位は外従五位下までという決まりのようなものがあったはずである。

ある寄進者は既に位階制度に参加していたが、ある人はこの寄進で正式にその世界に入った。例えば陽侯真身は寄進する前にも、いろいろなポストについていて、すでに官僚制に参加していた人物であり、逆に板茂真鈞は低い位から急上昇して、後に伊予介に任ぜられた。板茂真鈞のような人にとって寄進は意義があったと思われる。律令国家の立場から見るなら、寄進活動で確かに権力が広まったに違いないが、逆に、叙位した人の立場から見てみると、社会的な機会が増えたことになる。信仰的な理由については後述するが、東大寺のネットワークを用いて、叙位や官僚の世界に入り込むといった社会的・政治的な利益を受けるため寄進したということも認めなければならない。

前述したように名前が記録されている全員は裕福で、大仏造立の詔の「一枝の草、一把の土」程度の寄進者ではなかった。しかし、寄進者の全てが裕福だったとも言えない。造寺材木知識記の最後に「自余の少財は之を録さず」と描かれているように、他の財物が少ない寄進については記録されていないだけで、逆にこれは「少財」を寄進した人も存在したとの証拠である。

実はその少財の寄進について手掛かりになる史料が正倉院に断簡六片として残っている。これは造東大寺司が収納していた銭の寄進や寄進物を売却して得た銭を記録している「種々収納銭注文」と呼ばれている史料である[35]。大友国麻呂の稲を売却した銭についての記録もあり、これは造寺材木知識記と同じ大友国麻呂の寄進の一部だと思われているので、造寺の寄進と関連している史料である可能性が高い。その史料の中に、「又三十文此出知識」、「又十四文七人」、「一百六十文知識」、「二百文舎人狛広国知識」のような少財についての記録もある。この史料は部分的にしか残っておらず、問題が多くあると思われるが、少なくとも造寺材木知識記や種々収納銭注文は民衆と呼ばれるべき人たちも東大寺に寄進したということを示唆しているといえるであろう。

五　日本霊異記よりみた東大寺ネットワーク

右の史料では信仰の面があまり見えてこなかった。寄進したのには経済的や政治的な理由があったということを指摘したが、やはり宗教的な動機もあったのではなかろうか。そして、寄進活動を地理的にも検討したが、東大寺のネットワークはどれほど地方に及んでいたのであろうか。これらの質問に答えるために、日本霊異記の下巻第二十六縁を取り上げたい。

強非理以徴債取多倍而現得悪死報縁第廿六
田中真人広虫女者、讃岐国美貴郡大領、外従六位上小屋県主宮手之妻也、産生八子、富貴宝多、有馬牛奴婢稲銭田畠等、天年無道心、慳貪無給与、酒加多水、沽取多直、貸日与小升、償日受大升、出挙時用小斤、償収時以大斤、息利強徴、太甚非理、或十倍徴、或百倍徴、債人渋耳、不為甘心、多人方愁、棄家逃亡、跉跰他国、無逾此甚、広虫女、以宝亀七年六月一日、臥疾病床、而歴数日、故至七月廿日、呼集其夫並八男子、語夢見状而言、閻羅王闕所召、而示三種之夢、一者三宝物多用不報之罪、二者沽酒加多水取多直之罪、三者斗升斤両種用之与他時用七目乞徴時用十二目而収、依此罪召汝、応得現報、今示汝耳、伝語夢状、即日死亡、逕于七日、不焼而置、請集禅師優婆塞卅二人、九日之頃、発願修福、其七日夕、便甦還之、棺蓋自開、於是望棺而見、甚臭無比、自腰上方、既成牛、額生角長四寸許、二手作牛足、爪皴似牛足甲、自腰下方、成人形、嫌飯噉草、食已齝齨、裸衣下著、臥於糞土、東西之人、忩々走集、怪視隙視、莫息、大領及男女之、愧恥戚慟、五体投地、発願無量、為贖罪報、三木寺進入家内雑種財物、東大寺進入牛七十頭馬卅疋治田廿町稲四千束、負他人物、皆既免之、国司郡司、見将送解官之比頃、経五日而死、挙国惣郡、見聞之人、啁然懆然、不睠因果、非理無義、是以定知、非理現報、無義悪報矣、現報猶然、況亦後報乎、如経説、債物不償、作馬牛償云々、負人如奴、物主如君、負人如鴙、物主如鷹、唯雖負物、而徴非分、返作馬牛、更役償人、故莫過徴也[36]、

話を要約してみると、讃岐国の田中真人広虫女という裕福な人物は慳貪の性格であり、不徳義な商法をしていた。宝亀七年に病気で寝たきりになったが、数日後、目を覚まし、家族を呼んで夢を説明した。その夢の中で広虫女は閻魔大王に召され、自分が起こした罪を聞かせられ、閻魔大王はその報いをすぐさま示すと話した。起きて、その夢の説明をし終えた同日に広虫女は実際に亡くなった。家族は七箇日が立っても火葬せず、その七日目の夕方に広虫女は棺桶から立ち上がった。その時、上半身が牛になり、下半身はまだ人間のままであった。広虫女の罪を贖うために、家族が現地の三木寺に財物を寄進し、東大寺にも「牛七十頭、馬卅疋、治田廿町、稲四千束」を供養した。

当然、これは善悪の現報を説く話だが、社会史にも重要な史料の

一つで、特にこの話と東大寺の関係は興味深い。まず、讃岐国美貴郡の設定は無視できない情報である。史料の信頼性やレトリックとしての解釈方法については後述するが、もしこれは信頼ができるのなら、東大寺からかなり離れている讃岐国の人物が東大寺に寄進することが可能だったということになろう。右は北陸道や東海道の寄進者を確認し、この史料で南海道の寄進者も確認できる。地理的に、東大寺のネットワークはかなり遠くに及んだのである。

また社会階層の面については、造寺材木知識記で検討したように寄進者が裕福だったことが日本霊異記の下巻第二十六縁で再確認できる。日本霊異記の場合、寄進者の広虫女の夫である小屋縣主宮手は美貴郡の大領で外従六位上である。その位は造寺材木知識記に載っていた外従六位下の甲賀真束と近い。また牛を七十頭、馬三十頭、治田廿町、稲四千束を寄進ができるだけの裕福な人だったことは間違いない。日本霊異記はいわゆる民衆仏教の史料としてよく扱われているが、実はその他にも様々な人物の話を集めた説話集である。この例の場合は民衆として考えにくく、地方豪族の生活を表していると位置付けたほうが自然であろう。

造寺材木知識記と似ているところが多く見て取れるけれど、重なり合わない部分もあることを認めるべきである。まず、日本霊異記の話では寄進者の目的がよりはっきりとしている。造寺材木知識記で見られた人物の目的は、あくまでも史料の明らかにする中での推測に過ぎないが、少なくとも叙位を求めていた人もいたと十分に考えられる。各個人によって、それぞれに違う目的もあったかもしれないが、それを知る方法はない。日本霊異記には叙位やいわゆる国家的な目的はほとんど見られず、妻・母である広虫女を畜生の道から離し、広虫女が功徳でより良く生まれ変わりができるように家族が寄進した。つまり、親族救済のための寄進であった。造寺材木知識記や続日本紀の記録より少し個人性が見えるわけである。

では次に、この話の信頼性はどうなのかという問題を取り上げる。無論、作り話であり、何よりも「現報善悪」を説くために選集されたと思われる。他の日本霊異記に見られる話と同じように三宝や他人の財物の不法使用や盗用の罰を示す史料だと解釈するべきである。

しかし、作り話だということを前提にしても、信頼ができる箇所もあったのではなかろうか。特に、本稿に関して言えば、この話のように讃岐の地方豪族が東大寺に寄進するようなことが可能だったのではなかろうか。三舟隆之氏は日本霊異記の讃岐国の説話の信頼性について「在地の実情が反映されているものと考えられる。（中略）讃岐国に成立したと思われる」と述べ、讃岐国の説話は僧侶が法会で使う布教のテキストだったと論じた[37]。しかし、讃岐国と東大寺の関係については「三木郡には東大寺関係の所領はなく、東大寺と三木郡の関係は史料上窺うことはできない（中略）山田郡と三木郡の地方寺院間に瓦工人の交流に代表されるネットワークが存在しており、伝承の際に山田郡の東大寺関係の事実が混入されたのではなかろうか。」と疑う[38]。つまり、東大寺に寄進したことは元々の話には存在した根拠がなく、違う地域で伝承された時に、不正確に把握したと解釈した。

三舟氏の主張には説得力がある部分もあるが、東大寺との関係はそれほど簡単に否定できないと思われる。まず、郡司レベルの人物は中央政府と接触することも自然で、東大寺の所領が三木郡にはなくても、郡司クラスの人には東大寺の存在が認識されていたと十分に考えられる。例えば、先に紹介した大仏造立の詔には「国郡等の司、この事に因りて、百姓を侵し擾し、強ひて収め斂めしむること莫れ。」という箇所で郡司が東大寺の寄進活動について認識していたことが確認できる。実は他の地方豪族が官大寺に寄進した例が続日本紀にもある。例えば、武蔵国の大伴部直値赤男は西大寺に寄進して、叙位が可能となった。[39]右にも見たように遠く離れた国から寄進することはそれほど珍しくなかったので、讃岐国から東大寺への寄進も十分にあり得たと思われる。

また、後述するように、中央の官大寺の僧侶は地方寺院で法会を行っていたという根拠が十分にあることは三舟氏も認めている。東大寺の僧侶が三木郡で活躍していた史料は無論ないわけであるが、郡司が東大寺のことを知っているのは自然であり、東大寺の僧侶と接触したということも少なくとも不可能ではなかった。

最後に、解釈学のような大問題になってしまうが、日本霊異記のような史料をどうやって扱ったらいいかということにも触れなければならない。最近、三舟氏の研究のように発掘調査の結果と話の内容を比較した研究の成果により、ある寺はどこにあったのか、ある氏族は本当にその地方で活躍していたのかという風に推測ができるようになった。[40]大変可能性のある研究方法だと筆者も考える。しかし、日本霊異記はどうしても文学的な性格もあり、いわゆる歴史事実を探すのはすこし無理がある、と同時に感じる。

事実をはっきりと見つけられない史料だとすれば、どうやって解釈したらいいのかという疑問に対して事実よりもレトリックとして読み取る方法もあることを忘れてはいけない。この話の場合、作り話として実際にその作り話の人物が東大寺に寄進したかどうかは別として、地方豪族でも東大寺に寄進することができたという考え方を表しているのは間違いない。三木郡の人物は実際に東大寺に寄進したかどうかは、多分日本霊異記だけで答えられない問題であろう。しかし、レトリックとしては三木郡の郡司のような人物が寄進できたという重要な点を明かす。その上、官大寺への寄進で親族救済ができる信仰を伝える話として機能していたのであろう。この信仰についてのレトリックは寄進を集めていた僧侶にも、地方にいる在家の人にも意義があったのであろう。

日本霊異記の話が広く流布されたように思われ、そのレトリックに説得力があったとしたら、地方でも寄進したくなる人物が出てきても不自然ではない。これも推測の域を出ないが、日本霊異記のある部分は事実で、ある部分は不正確だと判断することも推測の範囲内だと認めるべきである。日本霊異記を解釈する時、いわゆる事実を探すだけではなく、どうレトリックを使っているのかについても検討するべきである。レトリックとして考えたなら、僧侶や在家の動機もよりよく見えてくるので、有意義な方法だと思われる。この場合、少なくともレトリックとして読むならば、讃岐国の地方豪族も官大寺に寄進して、親族を救済することができたと表す史料として扱えるのである。

六　日本霊異記より見える貧窮者たちの国大寺への寄進

右の例では、ある程度裕福な人物が東大寺に寄進したと指摘したが、低い階層の人物はどうだったのか。大仏造立の詔には「一枝の草、一把の土」という箇所があったように、地方豪族に限らず、多くの人からの寄進を求めていた。造寺材木知識記や種々収納銭注文にも、より低い階層の参加者もいた可能性があると示したが、造立後にも比較的下層階級の人物からの寄進も受けていたのだろうか。そして、貧困者の動機は何だったのか。

　東大寺ではないが、日本霊異記には貧困者が他の国大寺に寄進した例がある。

極窮女於釈迦丈六仏願福分示奇表以現得大福縁第廿八
聖武天皇世、奈羅京、大安寺之西里、有一女人、極窮命活無由而飢、流聞、大安寺丈六仏、衆生所願、急能施賜、買花香油、而以参往於丈六仏前、奉白之言、我昔世、不修福因、現身受取貧窮之報、故我施宝、令免窮愁、累日経月、願祈不息、如常願福、献花香燈、罷家而寐、明日起見于門椅所、有銭四貫、著之短籍、而注謂之、大安寺大修多羅供銭、女人恐急、以之送寺、時宗僧等、見入銭蔵、封印不誤、唯無銭四貫、故取納蔵矣、女又参向于丈六前、献花香燈、罷家而寝、明日起見乎庭中、有銭四貫、又短籍注謂、大安寺常修多羅供銭、女以送寺、宗之僧等、見銭器、封不誤也、開見之、唯無銭四貫、怪之蔵封、女如先参往丈六前、願白福分、罷家而寝、明日開戸、見之閫前、有銭四貫、著短籍謂、大安寺成実論宗分銭、女以送寺、宗僧等見入銭之器、猶封不誤、開見之、唯無銭四貫、爰六宗之学頭僧等、集会怪之、問女人曰、汝為何行、答曰、無所為、唯依貧窮、存命無便、無帰無怙、故我是寺釈迦丈六仏、献花香燈、願福分耳、衆僧聞之、而商量言、是仏賜銭、故我不蔵、返賜女人、女得銭四貫、為増上縁、大富饒財、保身存命、諒知、釈迦丈六、不思議力、女人至信、奇表之事矣[41]、

　内容を要約してみると、大安寺の西の里に住んでいる「極めて窮しく、命を活くるに由無くして飢う」というほど貧しい女性は大安寺の丈六仏が衆生の願いを答えると聞き、大安寺に参拝した。献じる花、香、油を買って寄進し、次のように祈る「我れ昔の世に福の因を修はずして、現身に貧窮しき報を受取る。故に我れに宝を施ひて窮の愁を免れしめよ」。この行動は毎日続き、ある朝、起きて銭四貫を見つけた。結局、これは大安寺からの銭だったので、返そうとした。また花、香、油を献じ、次の日も、もう一度大安寺からの銭四貫が不思議に現れた。もらったり返したりして、同じようなことを繰り返して、最後に大安寺の僧侶は「是れ仏が賜へる銭なり」という結論になって、女性に銭四貫を与えることになった。これがきっかけで、その女性が裕福になり、仏の不思議な力または、官大寺に寄進する利益を表す話として日本霊異記に選集された。

　実際にこの話が起こったかどうかを別にして、レトリックとして貧困者が花や香や油のようなささやかな物さえ寄進すれば、善報を得られるという話である。強調するべき点は、主人公が貧困者で「一枝の草、一把の土」レベルの寄進しか出来なかったということである。僅かな寄進でも、利益を受けることができるという信仰をよく表していよう。

七　東大寺諷誦文稿と寄進活動

　実際に官大寺からの僧侶が寄進を集めていたのか、という問いに答えるためには東大寺諷誦文稿が手がかりになる。東大寺諷誦文稿は九世紀の前半に書かれたと思われるが、残念なことに原本は戦時中の空爆で焼かれ、現在は昭和十四年に作られた複製本のコロタイプ版しか残っていない。主に仮名交じり文の例として大事な史料として国語学の研究者に注目されてきたのだが、最近は歴史や文学の研究も進んでいる。[42] 官大寺の僧侶が地方で行っていた法会の次第を記録していた控えだと思われている。そのため、地方に赴いた僧侶が説いていた内容を記録する珍しい重要な史料である。官大寺と地方のネットワークを検討するために不可欠な史料だと言うべきである。

　なお、東大寺諷誦文稿という題はいうまでもなく、後代に付けられた題なので、東大寺の僧侶が書いた文章とは簡単に言えない。しかし、『東大寺』という題を無視しても、教学的な立場から見ると、法相宗の影響が見られるが、東大寺の僧侶が書いた可能性が十分にあるのは先行研究が指摘している通りである。例えば、小林真由美は以下のように述べている「『諷誦文稿』の執筆者が興福寺の学侶であった可能性も一概には否定できないと思う。しかし、東大寺の僧であった可能性はより大きいと思われる。[43]」執筆者の宗派・寺院を検討するのは推測にすぎないと認めるべきだが、東大寺僧侶だったという可能性があるという意見に筆者も賛成する。少なくとも、ある官大寺の僧侶が地方で布教していたテキストとして使える可能性が高いと思われる。

　まず、東大寺諷誦文稿の聴衆について調べていきたい。近年、藤本誠氏は法会に参集していた人の中に貧困者が存在していたと指摘した。氏によると「檀越による村落の孤独者・貧窮者や障害者の扶養の事実を村落の民衆に知らしめ、村落内における檀越の支配者的立場を示す機能があった」と位置づけた。[44] 藤本氏の論文は貧困者が消極的、受身的な参加者であり、壇越の扶養に象徴されるだけで、自らの意志を表していなかったという立場を取る。

　当然、こういう象徴的な役割もあったと否定できないが、それだけに限られていたわけではない。特に東大寺諷誦文稿中の寄進を集めようとする文章によって、東大寺諷誦文稿の筆者は貧困者からも寄進を求めていたことは明らかにされる。そのような事例が散見される。例えば、

富ヵ中ニ貧ハ自所招貴ヵ中ニ賤ハ〔自所〕鎊カサ朝々抱カ、ヘテ膝ヲ而
有ヘシ貧□モ(?)念ヘトモ
□□□無ナカラ人ハ入福田《可加財物》タ、〔柯〕□ 嗟〔ケト〕□ヘテ
□頻ツラ『□□』嘆ケトモ都无□モ（1↓）□□
□□□□（臨淵而羨）魚退而不如造《ト云カ如》スカムニハ網ヲ　无己財ハ従数鄰財ヲ　不如
替〔カ〕ヘテ〔富〕ノ
〔貪〕ムサホリニ　〔為〕一ノ施ヲ（↓1）不堪《サラム》人ハ十六《八万尓□物》无尽蔵ニ　入一銭
〔无〕《〔无〕一銭之人》クハ　〔无〕者合セヨ掌无ハク
香発菩心（提）　无《□□》クハ供具翹三業之礼以身礼以口讃《□為供具礼拝仏法僧（2↓）》以意念（↓2）是
名无価弥ト[45]

この部分は擦消されており、損傷も多くあるため、解読が難解な箇所もあるが、内容はほぼ理解できる。まず、貧困で卑しき者であれば、それは前世の行いによって自分で招いたものだと説明する。そして、財産があまりない人物はある人の財物を欲しがるより、できる限り寄進するべきだと説く。具体的に「一ノ施ヲ為ル」、「一銭ヲ入レヨ」と勧め、完全に財物がない人には「掌ヲ合セヨ」、「菩（提）心ヲ発セ」、「三業ノ礼ヲ翹ヨ」だけで十分というように、地方豪族だけではなく、財物が少ない又は完全にないような貧困者からの寄進や礼拝も求めているわけである。つまり、東大寺諷誦文稿にみえる官大寺寄進ネットワークは階層的に広かったことが分かる。その上、一銭でも入れたり、掌を合わせたりしていた貧困者は壇越の扶養を象徴するためだけの者ではなく、自ら意志をもって参加していたと思われる。この点について次に詳述したい。

他の箇所も貧困者の檀越が存在していたと示唆している。

貴哉旦主稀有哉
丈夫云　観音卅三云　随時随貴賤道俗男女可用辞　言増減取捨随宜　以上大略耳[46]

ここは旦主を「貴き」や「稀有なる」人物又は「観音」として称賛する箇所だが[47]、「云」が描かれているようにだいぶ省略しており、現場の状況に合わせて適切に即興で演奏すると思われる。実はその即興について執筆者は小さい文字でメモのように記録したように「時に随ひ、貴賤、道俗、男女に随ひて辞を用いるべし」と描かれている。旦主は貴族に限らず賤しい人物も参集する場合もあったということになろう。

次の引用する箇所はどういうものを寄進したらよいかを具体的に説明して、供養した報いも明らかにする。

夏以蟬之空腸思於慈父冬以蠶之裸身恋於恩母朝焼香設
斎以行三帰五戒諷誦三蔵夕燃油捧花而発十善八戒　稽首諸仏加
以
牢《タマ》得半升米譲於三宝　希受破衣周於僧尼　無愛其身勿貴
其命　諸天雲(返読符)飛零精粳之米継於飢身釈王吹風生錦繡粧《ヨソヒ》
(以下此一行擦消カ)　礼拝入廬而坐　其夜父墓側芝草五茎　母墓
辺五茎　又退五茎之連理樹
襲《キセ》寒身　羅漢控白鹿迎仲天　牢跋儲七宮遊虚空　護法歓喜
悪
魔降伏　魚猟之侶消弓　羅之楽飲食之類　息泊浦
之想[48]

ここでも実際に貧困者が寄進していたことが示唆されている。傍線部に「たまさかに」や「まれに」という言葉遣いで半升の米や破れている衣のようなかなりささやかなものを寄進の例を上げているのは、聴衆はそれほど裕福な人ではなかったと指している。まさに「一枝の草、一把の土」程のような人物から寄進を求めていると思われる。

史料の続きでは、寄進したものがどうなるかと具体的に説明される。簡単に要約してみると、寄進した米はより質が良い粳米になって、飢えている人を助け、破れている衣は錦になって、寒い人の服になるという。このように、ささやかな寄進物は立派な物に変形し、貧困者に利益を与えるのだと信じられていた。この箇所では寄進における信仰面がよく見え、貧困者からの寄進物は貧困者を援助することになる。

寄進物は雨となって降るという例は他にもある。例えば、

＼吾奉此花　飛十方作　仏土之荘厳　今日ケフ奉此香烟　浮三千作信ノ使（6↓）（5↓）父母カ所生之土ニハ雨ト雨花ト散《メム令雨天ノ衣己ロ天ノ供養云》チラシテ云　翻化ナシテ瓔珞衣百味供養（7↓）云

為旦《（檀）》主過去両親《先考先妣カケホタサ》　羈縻三途八難　于今経廻者　令蒙献華之十種功徳

奉香之十箇勝利　天上宝聚自然集（↓7）為旦主先考先妣　于今歴旋患処者忽令解脱

令某浄《往生》土作某仏資携并衆　无暇《（假）》楽令受七宝　昇《殿終ツヒ》花台上　作三身仏云

（↓6）所設上香花燃燈種々　約《大御供養》如来之境界

所受収都无トイフトモ　慈悲衆生界ヲ故　垂哀《愍》納受（↓5）（49）

前例と同様に寄進した花や香などが亡くなった父母を救うものとして記録されている。つまり、日本霊異記と同じように東大寺諷誦文稿のある聴衆は父母救済のために恐らく東大寺に寄進していたということになる。（50）

なお、右の引用に記録されている寄進者は貧困者に限られないが、貧困者も両親のために寄進したという他の証拠がある。

思惟我父母ヲ忍ヒ寒テヲ忍ムヒ熱　代テ我等ニ受苦目ヲ朝夕ニハ奉令聞哭《叫サケ》音ヲ耳煮砕上タリ御胸情ヲ耳如ク吉キ人思ホシテ我等ヲ　不大臣云不后云

不太子云不仏云申セハ寒ト脱テ給ヒシ（31↓）父公ハ我ハ不トモ着而着セムトソ宀ケル我子ニヲ

（31↓）申セハ飢ヤワ分ワケテ給ヒシ（32↓）母氏ハ我ハ不トモ食而給トソ宀ケル我子ニヲ（↓32）父公カ摩《ヒタリ》ムヒシ

頭ハ不ネハ坐父公無摩《カキ》人モ　母氏整ツクロヒムヒシ儀ハ不ネハ坐母氏無整人モ（33↓）見トモ

見トモ不物ハ飽足　父公カ愛メクラニ念オモホセリシ御貌ナリ　聞トモ聞トモ不物ハ飽

母氏カ我子ト召シ御音ナリ云（51）

この箇所は斎会を設けた人の父母の慈悲を褒める文章であり、両親の位が垣間見える。例えば、傍線部に具体的に「大臣ならず、云、后ならず、云、太子ならず」と描かれ、また服を子供に与えた父は自分の着る服がなく、食べ物を子供に与えた母は自分の食べものがなかったなどと説く。無論、これは法会で僧侶が使用した言葉で、現実を反映しているかどうかは疑問のままであるが、これを聞いて、一番同感ができるのは貴族階層の人物ではなく、より貧困にある人物だったと思われる。右に、聴衆の中に貧困者も参集していたと指摘したが、貧困者こそがこの文章を聞き、彼らの父母のことを思い起こしたのではなかろうか。

引用した部分の続きで、両親への恩返しのために、写経や造仏のような善業を勧める。（52）写経識語などの他の現存史料から、様々な階

層の人物は実際に両親への恩返しのために写経や造仏を行っていたことがわかる。父母救済は東アジア仏教の基盤機能だったので、驚くことではないが、国家仏教論では無視される傾向があるいわゆる貴族の仏教、地方豪族の仏教、民衆の仏教の一つ共通の信仰である。

むすび

以上、ネットワークという立場から、東大寺の寄進を検討してきた。造寺は知識という形で行われ、理想的には寄進者が自発的に参加するもので、最初から下層階級からの寄進も募集していた。実際に知識として参加した人の背景を調べた上、越中・備中・相模の地方豪族の名前も含まれ、その人たちは少なくとも叙位の政治的な理由のために寄進しており、ある場合においては、一世代では終わらなかったと確認した。寄進者は利益や菩提も得られると約束されていたので、そういう宗教的な動機もあったかもしれない。その上、貧困者の知識メンバーも存在したが、その具体的な情報が詳しく記録されていないと確認した。しかし、日本霊異記や東大寺諷誦文稿に着目すると、讃岐国の地方豪族から東大寺への寄進や貧困者から官大寺への寄進の例があり、その寄進は現世利益や死者救済のためだったことがわかった。このように、奈良時代の仏教は地理的にも、社会階層的にも広がりをもっていたことが明らかになった。また、様々な人物が自分の意志で東大寺のネットワークを利用し、イデオロギー的なものだけではなく、それぞれの寄進者にとっては宗教的、又、社会的な機能もあったと論じた。

本稿は奈良時代の仏教研究の第一歩に限られ、これからも考察されるべき諸問題が残っている。例えば、地方寺院と官大寺の関係、国分寺の役割、荘園制度などについてはネットワークの立場からの研究が今後さらに必要とされる。

（ブライアン ロゥ・ヴァンダービルト大学准教授）

註

（1）国家仏教という言葉はおそらく黒板勝美『国史の研究』各説の部大正七年版（文会堂書店）で創出されたと佐藤文子が指摘している。佐藤文子「古代の得度に関する基本概念の再検討—官度・私度・自度を中心に」『日本仏教綜合研究』八号を参照。国家仏教についての先行研究がたくさんあるため、以下それぞれの関連研究に限って参照する。

（2）井上光貞『日本古代の国家と仏教』（岩波書店、一九七一年）は代表的である。

（3）例えば、吉田一彦「国家仏教論批判」（同『日本古代社会と仏教』吉川弘文館、一九九五年）など。いわゆる民衆仏教という概念の歴史については森新之介「民衆仏教史観の研究史」（同『摂関院政期思想史研究』思文閣出版、二〇一三年）。

（4）詳細は拙稿「States of 'State Buddhism': History, Religion, and Politics in Late Nineteenth- and Twentieth-Century Scholarship.」『Japanese Religions』三九号を参照。

（5）加藤咄堂『日本仏教史』（吉川半七、一八九二年）。

（6）例えば、境野黄洋「奈良平安両期仏教の特性」『仏教史林』（一八九七年）は代表的である。

（7）黒板勝美『国史の研究』（前掲註(1)）のほか、黒板勝美『国史の研究』（文会堂書店、一九〇八）や『国史の研究』（岩波書店、一九三一年）。

（8）辻善之助『奈良時代に於ける国家と仏教』（教学局、一九三八年）。

（9）二葉憲香『古代仏教思想史研究—日本古代における律令仏教及び反律令仏教の研究』（永田文昌堂、一九六二年）。

（10）井上（前掲註(2)）。上川通夫によると、井上説は通説になっている。上川「「国家仏教論」批判の試み」（同『日本中世仏教形成史論』校倉書房、二〇〇七年）。国家仏教論は比較されながら、古代仏教の研究の中、国家の役割はまだ中心的だといえる。例えば、本郷真紹『律令国家仏教

の研究』（法藏館、二〇〇五年）、曾根正人「奈良仏教の展開」（末木文美士・大久保良峻編『日本仏教の礎』佼成出版社、二〇一〇年）など。

(11) 吉田一彦『古代仏教をよみなおす』（吉川弘文館、二〇〇六年）、二七〜二八頁。

(12) 大艸啓「平城京社会における寺院と住民」（『大谷大学史学論究』二〇号、二〇一五年、二頁）。

(13) 吉川真司『聖武天皇と仏都平城京』（講談社、二〇一一年）、一四九頁。

(14) 三舟隆之「『日本霊異記』地方関係説話形成の背景—備後国を例として」（『日本歴史』七五八号、二〇一一年）、同「『日本霊異記』地獄冥界説話の形成—讃岐国の説話を中心として」（『続日本紀研究』三九五号、二〇一一年）。

(15) 堅田修「奈良時代における寺院参詣」（同『日本古代信仰と仏教』法藏館、一九九一年、初出一九八七年）。

(16) 鈴木景二「都鄙間交通と在地秩序—奈良・平安初期の仏教を素材として」（『日本史研究』三七九号、一九九四年）。

(17) 社会学とネットワークの関係についてはJohn Scott「The Development of Social Network Analysis」（同『Social Network Analysis』Sage、第三版、二〇一三年）。

(18) Manuel A. Vasquez「Mobility, Networks, and Ecology」（同『More than Belief: A Materialist Theory of Religion』Oxford University Press、二〇一一年）。

(19) 『続日本紀』天平十五年十月辛巳。以下、原文と読み下し文は『新日本古典文学大系一二〜一六続日本紀』（青木和夫等校、岩波書店、一九八九〜一九九八年）による。

(20) 若井敏明「行基と知識結」（速水侑編『民衆の導者—行基』吉川弘文館、二〇〇四年）、一二五頁。また知識と大仏造立の詔については同「大仏造立をめぐる覚書」（続日本紀研究会編『続日本紀の時代』塙書房、一九九四年）。

(21) 知識についての先行研究が多くあるが、竹内理三「上代に於ける知識に就いて」（『竹内理三著作集一』角川書店、一九九八年、初発表一九三一年）、井上正一「奈良朝における知識について」（『史泉』二九号、一九六四年）、薗田香融「知識と教化—古代における宗派性の起源」（赤松俊秀教授退官記念事業会編『国史論集』文功社、一九七二年）、中井真孝『日本古代の仏教と民衆』（評論社、一九七三年）、同「共同体と仏教」（『日本古代仏教制度史の研究』法藏館、一九九一年、初発表一九七四年）、勝浦令子「行基の活動における民衆参加の特質—都市住民と女性の参加をめぐって」（『日本古代の僧尼と社会』吉川弘文館、二〇〇〇年、初発表一九八二年）、同「行基の活動と畿内の民間仏教」（『同』、初発表一九八六年）、同「光覚知識経の研究」（『同』、初発表一九八五年）、若井敏明（前掲註(20)）、古尾谷知浩「文字瓦と知識」（『文献史料、物質史料と古代史研究』塙書房、二〇一一年、初発表二〇〇七年）、竹内亮「智識寺小考」（奈良女子大学21世紀COEプログラム編『古代都市とその思想』奈良女子大学21世紀COEプログラム、二〇〇九年）、同「五十戸と知識寺院—鳥坂寺跡出土箆書瓦の釈読から」（『古代文化』六〇号、二〇〇九年）、同「古代の造寺と社会」（『日本史研究』五九五号、二〇一二年）、近藤康司『行基と知識集団の考古学』（清文堂出版、二〇一四年）などを参照。

(22) いわゆる「強制された知識」については古尾谷知浩（前掲註(21)）を参照。

(23) 井上薫「東大寺の創立」（『奈良朝仏教史の研究』吉川弘文館、一九六六年）、一九七頁。

(24) 造寺材木知識記については先行研究が多くあるが、竹内理三（前掲註(21)）、塩沢君夫「八世紀における土豪と農民」（『古代専制国家の構造』御茶の水書房、一九五八年、初発表一九五四年）、井上薫「東大寺の創立」（前掲註(23)）、若井敏明「行基と知識結」（前掲註(20)）は代表的である。

(25) 『東大寺要録』「縁起章第二」。『東大寺要録』（筒井英俊編、全国書房、一九四四年）による。

(26) 若井敏明氏が指摘したように材木・金の知識人数は伽藍建築や大仏鋳造のために従事した延べ人数だという解釈は納得できる。若井敏明「行基と知識結」（前掲註(20)）を参照。

(27) 『続日本紀』天平勝宝元年四月甲午。

(28) 『同』天平十九年九月乙亥。

(29) 『大日本古文書』二四ノ三一五（続々修四七ノ五）。

(30) 利波志留志については米沢康「利波臣志留志をめぐる諸問題」（『越中古代史の研究』越飛文化研究会、一九六五年）。東大寺開田図と利波志留志の関係については藤井一二「東大寺開田図の系譜と構成」（『東大寺開田図の研究』塙書房、一九九七年、初発表一九八八年）、四二〜四三頁、同「八世紀における非占定荘園の特質」（『同』、初発表一九八一年）、一九〇～一九二頁を参照。

(31)『続日本紀』神護景雲元年三月己巳。

(32)『同』天平二十年二月乙丑。この記録は少し曖昧で、寄進を直接に示唆していない。六日前（十九日）、外従五位下陽侯真身は外従五位上に叙位した記録がある。これは多くの人物と同じく記録されているので、聖武の不豫のため、延期された普段の一月叙位儀式であろう。さらに二月二十五日に叙位したのは知識物献納によっての叙位だと思われる。もう二人は同期に叙位したが、これも恐らく知識関係であろうが、要録には記録されていない。

(33)『同』天平勝宝元年五月戊辰。

(34) 栄原永遠男「難波の市と経済」（『新修大阪市史―第一巻』、大阪市、一九八八年）。

(35)『大日本古文書』二四巻三一五～三一六頁、三一六～三一八頁、二五巻九六～九七頁、一一二～一一三頁、六九～七〇頁、九九～一〇〇頁である。直木孝次郎「宇佐八幡と東大寺との関係」（『奈良時代史の諸問題』塙書房、一九六八年）、吉田孝「律令時代の交易」（『律令国家と古代の社会』岩波書店、一九八三年）、新川登亀男「八幡神の東大寺大仏造営助成」（『大分縣地方史』一〇一号、一九八一年）、若井敏明「行基と知識結」（前掲註(20)）、同「大仏造立をめぐる覚書」（前掲註(20)）などの重要な先行研究がある。

(36)『日本霊異記』下巻第二十六縁。原文と読み下し文は『新日本古典文学大系三〇　日本霊異記』（出雲路修校注、岩波書店、一九九六年年）による。

(37) 三舟隆之「『日本霊異記』地獄冥界説話の形成―讃岐国の説話を中心として」（前掲註(14)）、一〇～一一頁。

(38) 同、九頁。

(39)『続日本紀』宝亀八年六月乙酉。

(40) 前掲註(14)以外、三舟隆之「日本霊異記九州関係説話の成立」（『説話文学研究』四七号、二〇一二年）を参照。

(41)『日本霊異記』中巻第二十八縁。

(42) 例えば、中田祝夫『東大寺諷誦文稿の国語学的研究』（風間書房、一九六九年）、鈴木景二「都鄙間交通と在地秩序―奈良・平安初期の仏教を素材として」（『日本史研究』三七九号、一九九四年）、築島裕篇『東大寺諷誦文稿總索引』（汲古書院、二〇〇一年）、小林真由美「東大寺諷誦文稿の成立年代について」（『国語国文』六〇号、一九九一年）、同「『東大寺諷誦文稿』の「母氏」について」（『成城国文学論集』三三号、二〇一〇年）、同「『東大寺諷誦文稿』の浄土」（『成城文藝』二一九号、二〇一二年）、同「水の中の月―『東大寺諷誦文稿』における天台教学の受容について」（『成城国文学論集』三五号、二〇一三年）、同「東大寺諷誦文稿注釈（一～三）」（成城国文学論集三六～三八号、二〇一四～二〇一六年）、藤本誠「日本古代の「堂」と法会―『東大寺諷誦文稿』を手がかりとして」（『史学雑誌』一一八号、二〇〇九年）、同「『東大寺諷誦文稿』の成立過程―前半部を中心として」（『水門―言葉と歴史』二十三号、二〇一一年）、同「日本古代の「堂」と仏教―『東大寺諷誦文稿』における「慰誘言」を中心として」（山口敦史編『聖典と注釈―仏典注釈から見る古代』武蔵野書院、二〇一一年）、同「日本古代の在地社会の法会―『東大寺諷誦文稿』「卑下言」を中心として」（『仏教史学研究』五八号、二〇一五年）、小峯和明「『東大寺諷誦文稿』の言説」（『中世法会文藝論』、笠間書院、二〇〇九年）など。

(43) 小林真由美「東大寺諷誦文稿の成立年代について」（前掲註(42)）、四六頁。

(44) 藤本誠「日本古代の「堂」と法会―『東大寺諷誦文稿』を手がかりとして」（前掲註(42)）、八頁。

(45)『東大寺諷誦文稿』八～一二行。以下、原文と読み下し文は『東大寺諷誦文稿総索引』（築島裕編、古典研究会、二〇〇一年）による。

(46)『同』二八三～二八四行。

(47)「観音卅三」については藤本氏が法華経に基づいて檀越を観音の化身に喩えていると指摘した。藤本誠「日本古代の「堂」と仏教―『東大寺諷誦文稿』における「慰誘言」を中心として」（前掲註(42)）、二三七～二三八頁を参照。

(48)『東大寺諷誦文稿』一三三～一三九行。

(49)『同』三一～三七行。

(50) 父母と東大寺諷誦文稿については小林真由美「『東大寺諷誦文稿』の「母氏」について」（前掲註(42)）を参照。

(51)『東大寺諷誦文稿』二一一～二一七行。

(52)『同』二二八～二二九行。

付記

感謝とお詫びの言葉を加えたい。

ヴァンダービルト大学の五十嵐惠邦氏は原稿を丁寧に読んで下さり、日本語を色々と直してくださいました。この場をお借りして感謝を申し上げたいと思います。

本稿は二〇一五年に発表した原稿に基づいて用意したものである。しかし、その後、色々な重要な論文が刊行され、その中、藤本誠「古代国家仏教と在地社会―日本霊異記と東大寺諷誦文稿の研究」(吉川弘文館、二〇一六年)や三舟隆之「『日本霊異記』説話の地域史的研究」(法藏館、二〇一六年)が本稿と深く関係しているので、参照されたい。校正中のことで、その成果を本稿に取り入れることができなかったことを心よりお詫びしたい。

全体討論会
「古代東大寺の世界―『東大寺要録』を読み直す―」

平成二十七年(二〇一五)十二月二十日

総合司会　石上　英一
パネラー　栄原永遠男(東大寺史研究所)
　　　　　森本　公誠(東大寺長老)
　　　　　吉川　真司(京都大学)
　　　　　王　　勇(中国・復旦大学・浙江工商大学東亜研究院)
　　　　　ブライアン・ロゥ(アメリカ・ヴァンダービルト大学)
　　　　　佐藤　　信(東京大学)

司会　それでは全体討論を始めさせていただきます。総合司会を東京大学名誉教授の石上英一先生にお願いしております。石上先生は一九四六年生まれ、一九七〇年、東京大学文学部を卒業され、一九七四年、東京大学大学院人文科学研究科博士課程を中退された後、東京大学史料編纂所教授、同所長、東京大学大学院情報学環教授、アメリカ・イェール大学大学院東アジア言語文学研究科客員教授、大学共同利用機関法人人間文化研究機構理事、文化審議会委員などを歴任され、現在、東京大学名誉教授(文学博士)であります。ご専門は日本古代史、正倉院文書、古代荘園史、奄美諸島史、主な著書論文は『古代荘園史料の基礎的研究』『日本古代史科学』『奄美諸島編年史料　古琉球期編　上』など多数ございます。石上先生は第七回歴史学考古学セクションで「正倉院文書と東大寺法華堂」で発表されています。それでは総合討論を始めさせていただきたいと思います。よろしくお願いいたします。

石上　全体討論を、講話、報告の皆様を交えて進めさせていただきます。初めに、講話、報告の皆様より補足等ございましたら一言ずつお願いいたします。また、会場からご質問、ご意見をいただいていますので、それについてのご回答をお願いいたします。そして、『東大寺要録』及び古代東大寺の様相について討論をお願いいたします。

私は、史料編纂所に入り三年目に先輩が急逝されたことがあり、替わって正倉院文書の調査に参加することになりました。退職までずっと、『正倉院文書目録』編纂等の仕事に参加いたしました。また『大日本史料』第一編を担当しておりましたので、『東大寺要録』を使って編纂させていただくことがありました。その中で記憶に残っておりますのは、第一編之二十四、寛和二年、円融院が東大寺に赴いて受戒する条があり、『東大寺要録』を東大寺図書館において拝見させていただきました。『東大寺要録』は戦前に史料編纂所で東大寺のご理解をえて影写本をつくり、学界では長くそれが利用されてきました。東日本の研究者たちは、筒井師がまとめられた『東大寺要録』、戦後に再刊されましたが、これを使い、さらに史料編纂所で影写本を見ていたわけです。史料編纂所は、円融院御受戒の条の編纂にあたり、東大寺図書館のご理解を得て『東大寺要録』の撮影をさせていただきました。これが一九八七年のことであります。今回、栄原先生が中心になられた『東大寺要録』研究の事業が進められ、東大寺史研究所、東大寺図書館で新たな撮影等がなされて、重要な史料が学界で利用される大きな基礎が築かれたと思っております。『東大寺要録』とは、仕事からの多少の関わりですので十分な司会ができるかどうかわかりませんが、これから話を進めさせていただきたいと思います。

今回、王先生、ロゥ先生にご参加いただき、国際的な視野から、唐から東大寺に伝えられた経典、仏教ネットワークの中心としての東大寺というお話を伺うことができました。また森本長老より、東大寺において、何十年もの間、大仏に奉仕をされてきたお立場から、改めて東大寺の草創について重要なご講話を伺うことができました。そして、『東大寺要録』の注解研究の成果については栄原先生、吉川先生、佐藤先生からお話を伺うことができました。それでは栄原先生から補足がございましたらお願いいたします。

栄原　昨日、『東大寺要録』は遺跡みたいなものだというお話をいたしました。その意味は現在の『東大寺要録』は最初にできた『東大寺要録』の上に何層も層が積み重なって、次第次第に堆積して現在の形になっている。したがって堆積層を層位分けしていく必要がある。どの層の史料を使って話をしているのか、最初にできた時の話なのか、どこかで増補された時点での話なのか、きちんと分けながら『東大寺要録』を読んでいく必要があるということをお話いたしました。『東大寺要録』全体についてはとても手がまわらず、本願章しかお話ができませんでしたが、時間の関係で省いたことがあります。本願章が最初にできた時、『続日本紀』やいろんな書物から引用していますが、特に『続日本紀』に注目しますと、最初に『東大寺要録』をつくった人は、『続日本紀』に出てくる東大寺の歴史、聖武天皇の歴史をそのままそっくり引用したのではなく、きわめて意図的・選択的に引用している。そこにはそのことを通じて最初に『東大寺要録』をつくった人のメッセージが込められているということをお話いたしました。ところがその後、雑事章之余にまたたくさん『続日本紀』が引用されていますが、その時には『続日本紀』に落ちているものをどんどん引用するという仕方に変わっております。そのことは、おそらくはできた時の『東大寺要録』の編纂者の思いが受け継がれなかったということではなく、東大寺に関する記述についてはとにかく引用しておくという姿勢に転換していまして、その意味では、最初のメッセージが増補の過程でかえって弱まってしまったのではないかという思いを抱いております。そのことを申し添えさせていただきたいと思います。

石上　会場からのご質問についてもあわせてお願いします。

栄原　会場からは「嘉承元年に『東大寺要録』ができた時、それがつくられた時代背景、東大寺側の事情等々について考えられることはないか」「本願聖武天皇の強調のもとに東大寺隆盛の目的、さらには天皇家と東大寺構想の重視による仏教興隆を目的としてつくられた『東大寺要録』の成立の契機になる背景には何かあったのでしょうか」などの質問をいただきました。『東大寺要録』が最初、嘉承元年（一一〇六年）になぜつくられたのかということで要約できるご質問かと思います。これについてはとても難しい質問で、専門も違う時代ですので私には十分お答えできません。嘉承元年という特定の年にどうしてもつくらなければならなかった理由があったかとなりますと、その年が特別重要であったとは思えないところがございます。もう少し幅をとって一一〇六年に至る東大寺との歴史の中で考えれば、少しは言えるかもしれません。久野修義さんがすでにご指摘になっていますが、『東大寺要録』の序文を見ると「寺が衰退し、伽藍が荒廃して東大寺の歴史書などもなくなってしまっているので悲しいかな。だからここで自分は資料を集めて『東大寺要録』をつくるんだ」という序文が書かれているのであります。かつては特に堀池先生の段階までは「東大寺が院政時代になり衰退していったので、今後何とか盛り返すという願いをこめて『東大寺要録』は編纂された」と考えられてきたわけですが、久野さんの場合はそうではなくて、むしろそれより半世紀前、「十一世紀半ばくらいから東大寺の荘園の再編あるいは再建が進んでいて、かつての古代寺院から中世寺院への転換が進んでいた時期なのだ」。そういう時期に「聖武天皇本願による勅施人という形で東大寺領荘園を再度、確定する、基礎づけるという意味合いがあり、これから東大寺がさらに生きていく、盛んになっていくことをめざして『東大寺要録』が編纂された」とご指摘になっているわけであります。それに何も付け加えることはないのですが、東大寺が衰退し、伽藍が荒廃し、当流記も紛失して悲しいかなと言っていますが、それだけ読むと、当時は伽藍が荒廃していたとも読めるのですが、そうではなくて、かつての官大寺としての東大寺の時期に比べれば衰退してしまっている、かつての奈良時代の官大寺としての東大寺の記録が失われてしまっているという文脈でとらえて、だからこれからの新しい寺院としての東大寺の基礎として『東大寺要録』をつくるという文脈で読めるのではないかと考えております。

佐藤先生のご報告の勅書銅板の話なども、佐藤先生のお話では平安後期というお話でしたが、東大寺が今後さらなる新たな段階に入っていくという中で『東大寺要録』の編纂が行われるし、勅書銅板の裏銘が書かれていくという脈絡でつながっていくのではないかとお話を承っておりました。

石上　それでは次にご講話をいただきました森本長老にお願いいたします。

森本　私からはお水取りで読んでおります過去帳に始まって、そこから見られたいろんな問題を採り上げ、最後は東大寺に住んでいる奴婢の問題を採り上げました。奴婢について統計でも出させていただきましたが、男の子では一歳～一〇歳までで三七人、女の子で三〇人。一一歳から二〇歳まで男の子が二六人、女の子で一六人もいるのです。この子どもたちは東大寺に施入されて、一体、その後、どうなったかというのが大変気になっております。奴婢の話で一番脚光を浴びますのは女の子で、一五歳～二五歳までの聡明な子どもが試験を受ければ女医さんの養成学校に入れるということがあり、三〇人を募集するということになっております。これは官の婢が対象となっておりますが、必ずしも官だけではないので、優秀な女の子はアタックしたのではないか。しかしそれはごく稀な話でしょう。まず考えられるのは、親に育てられながら雑用をこなし憶えていくことだと思いますが、今日、吉川先生のお話を聴いていて「あ、楽人の中にひょっとして奴婢がいたのではないか」と思ったことです。奴婢の仕事として木工の技術をもっている、五三歳の人の名前がありました。その人以外にやはりそのような技術関係の役所である内匠寮の職人さんに近いような人が入っている。東大寺では伽藍があり、また新しく伽藍ができていくわけでありますので、絶対、木工事は必要であり、ほとんどの人はそうした仕事に携わったのだろうと思っていましたので、吉川さんの話を聴いて「楽人という道もあったのか、踊りとか音楽の素養がある子どもは楽人に加わって迦陵頻迦を舞うとか胡蝶を舞うとかしたのかな」と考えました。吉川さんにお礼を申し上げたいと思うわけです。

ご質問の中に「草創時代の仏教から現代の仏教まで」ずっと触れられておられまして「現在の仏教界としてはどうされるべきなのか」と意見を求めておられますが、これはこのシンポジウムのテーマとは少し外れますのでまた別の機会とさせていただきたいと思います。

石上　最後にお話がありましたことについて、またいつかの機会にご講話をうかがえるかと思います。それでは次に吉川先生にお願いします。会場からのご質問がかなりあるのですが、まとめてお願いします。

吉川　たくさんのご質問をいただきましたのは、この分野の研究を始めたばかりで、突っ込みどころ満載だったからでしょう。

まず、森本先生がお話になった奴婢につきましては、「奴婢が修練して楽人になったのか、楽人が奴婢として東大寺に入ったのか」というご質問がありました。そこで天平宝字八年の「楽具欠失解」を見てみますと、そこには三人の奴婢が現れ、楽人と考えられるのですが、彼らは天平勝宝二年、大仏開眼の直前に東大寺に施入された人たちでした。このとき小菅万呂は九歳、魚主は四歳、九月は五歳。つまり子どものころに東大寺に入り、それから一四年後には楽人に成長していたのです。一連の「楽具欠失解」に見える奴婢はおしなべて若い。彼らは子どものころから、お寺の中で楽舞を学んできたのではないでしょうか。もっと多くの史料を分析して、詰めていきたいと思います。

「奴婢が外来音楽を担当したとすると、在来音楽は公民・良民が担当したのか」というご質問には、お答えするのが難しいです。東大寺には俗人の良民も仕えており、そのなかに外来の楽舞にすぐれた人がいた可能性があるからです。宮廷の雅楽寮で学んだ人が、東大寺に仕えるようなことがあったかもしれません。今のところは、楽人を奴婢に限らないで考えたほうが安全ではないかと思っております。

伎楽につきましては、もう少しわかることがあります。諸寺が楽人を何人かずつ抱えていて、大きな法会では助け合って楽舞を演奏したのではないかと申しましたが、朝廷から伎楽の楽人が派遣されることもありました。彼らは大和国城下郡杜屋村というところに住み、その地域は「楽戸郷」と呼ばれていました。八世紀初めごろに四九戸だったということですから、人口にして一〇〇〇人くらいの楽人の村があったことになります。その村で伎楽が伝えられていたのです。彼らの一部はお寺に仕えたでしょうし、召し出されて雅楽寮に行く人もいただろうと思いますが、ともかく、こうした伎楽の集団があったことはとても重要なことだと思います。東大寺は楽戸郷の近くに村屋荘という荘園をもっていました。もしかすると楽人と関係があったのかもしれません。

次に、日本と唐の音楽の違いについてです。日本古代の法会では楽舞がなされる。それはいろいろなお寺で確認できます。ところが、唐に渡った円仁の日記を見てみますと、五台山や長安のお寺の法会について楽舞の記述がなく、むしろ賛美歌と言うべき声明に力が入れられていたことがわかります。それ以外の史料にも当たってみましたが、やはりお寺の楽舞が見えてきません。言葉をかえれば、日本では俗人が楽舞を奉納することが目立つのに対し、唐ではお坊さんが声明の形で仏教音楽を奏でるのが中心であった、ということになります。網羅的に史料を読んだわけではありませんので、見通しが正しいかどうか、さらに考えてみたいと思います。この点に関して、「朝鮮半島ではどうだったか」というご質問もありました。同時代の新羅はどうか、日本に伎楽を伝えた百済はどうだったか。いちおう基本史料には目を通したつもりなのですが、残念ながらまだわかりません。考古学の調査で、楽器などの遺物が出土してわかることがあればよいのですが。比較史という観点はとても重要ですので、中国・朝鮮半島、さらには西域との比較によって、古代日本の特性を明らかにしていければと考えております。

また、摂関期には内裏と南都諸寺で楽人が共有される体制ができたと申しましたが、それについて「寺格などによる区別があったか」というご質問をいただきました。摂関期になりますと、大和国の寺院勢力は東大寺と興福寺に収斂していきます。楽人についても同じことで、あとは薬師寺に玉手氏という集団がいたくらいです。つまり興福寺・東大寺・薬師寺あたりで共有されていたと考えられるわけですが、寺格と言うよりも、完全にお寺の勢力の大小によって、抱えている楽人の数が決まったのではないかと思います。

仏教音楽の変化につきましては、「和楽が仏教法会で衰退するということだが、摂関期は国風文化の時代なのに、どうしてそうなるのか」という御質問がありました。これもたいへん難しい問題なのですが、九世紀から十世紀にかけて法会の楽舞が整っていくなかで、お寺では専ら外来音楽を用いるというふうに定まっていったのかもしれません。お寺では外来音楽、神社では和楽という使い分けがなされた可能性も考えられます。こうなりますと、神社の音楽をしっかり考える必要が出てくるのですが、本日はそこまで手が回りませんでした。九世紀から十世紀にかけて和讃が発展してくることも指摘されておりますから、それとの関わりも含め、広い目で見定めていく必要がありそうです。

最後に、「伎楽が廃れていくのはなぜか」というご質問についてです。飛鳥時代から使われてきた伎楽が鎌倉時代には廃れてしまっている、本当になぜなのでしょう。これもお寺での法会音楽がどのような体系をもっていたのか、教習のシステムがどのようになっていたか、そうした観点から考えていくべきかと思います。具体的にはまだお答えできませんので、今後の課題とさせていただきます。

石上　続きまして王先生にお願いいたします。

王　補足をさせていただきます。書物をキーワードにして東アジア、日本と中国のみならず東アジアの文化交流を研究する、そもそもの出発点は一国の歴史の枠内では書物の交流史を研究し尽くせないという認識によるものです。江戸時代に林述斎は『佚存叢書』という独特な叢書を編集しました。中国で失われて日本に残る漢籍十六種六十冊百十巻を収録しています。私はアメリカのコロンビア大学で教えたころ、その書名を英語で表現しようとしたが、うまく英訳できませんでした。「佚」は無くなったこと、「存」は現に存在していること、これは論理的に通じないからです。異文化に身を置くと、これまでの常識が忽然と常識でなくなることがあります。それでよく考えますと、「佚」の主体は中國、「存」の主体は日本ということで、この書名ははじめて論理的に成り立つのです。もし中国の枠内で考えれば、これらの書物は時間的にすでに死んでいたが、空間的に国境を超えてみると、日本には生きているということです。林述斎は中国で死んで日本に生きている本を集めて『佚存叢書』を編集しました。このような事例は、東アジアを舞台にした密接な交流関係から生まれてきた文化の特質をいろいろと教えてくれますね。

これは書物だけに限らず、東アジア文化交流の中でできたものを東アジアの視野で研究しなければならないと思います。正倉院文書、東大寺所蔵の古書についても同じことが言えます。『東大寺要録』は東アジア世界に開いた時代の物事を記述した書物ですね。こういう書物を日本の枠内に閉じ込めて研究することは妥当ではありません。『東大寺要録』を例にとってみれば、ある程度中国古代文学の教養をもつ中国人なら、外国の書物よりも、唐代の文書を規範として書いたものがほとんどですから、違和感なく読めるのです。入唐僧円仁や鑑真の弟子思託らが書いたものと同じように、中国の敦煌文書と比較されます。

正倉院文書はよく中国の敦煌文書と比較されます。日本贔屓ではないけれども、文化発信力の視点からみれば、正倉院文書の価値は敦煌文書より上です。と言いますのは敦煌文献はいわゆる出土文書で、二十世紀初め偶然に発見されるまでは、砂漠に埋もれ、文化として機能せずに死んでいました。正倉院文書はそれと違います。栄原先生のいわれる通り、『東大寺要録』は遺跡のように、いくつもの層があって積み上げられて書かれて今の姿になっているのです。このような文献はできあがった段階で生きていて、時代とともに成長しつづけているわけです。出土品はある時点で封印されていて、発見されると始めて蘇えるので、千年の間は死んでいたのです。それに比べると、正倉院文書は千年の間に生きていて、時の流れにしたがって成長しながら文化的に発信しつづけ子孫を増やしたのだから、両者は同日に論じることはできません。つまり、正倉院文書は出土品ではなく、伝世品なのです。伝世品と出土品の違いを謙虚に受けとめて評価しなければなりません。両者はまた研究の仕方も違います。出土品は千年の間、死んでいるから、研究史においても空白です。一方、伝世品は生まれてから今まですべての年々、月々、日々を追って研究する価値があります。

質問は一件ありました。「善本、好本、草本、真本の違いについて」ですが、これは難しい問題ですね。。遣隋使の頃、飛鳥時代と奈良時代では日本人が中国にいくと中国の本なら何でも持ち帰る。そういう時期がありました。『遊仙窟』のような、当時の中国ではポルノ小説のように見られるものも日本に持ち帰られ、神社や寺院で大事に書写されて脈々と伝わるのですが、当時の中国ではそれらを読むと失格です。つまり、同じ書物でも中国と日本とでは使い方が全く違います。『遊仙窟』のような読み物は美辞麗句をつないでおり、日本人の漢文作成の結構な手本になるから、もてはやされるのでしょう。要するに、中国のものを無差別に手あたり次第に持ち帰る時期は最初にあり、ところで中国の書物の量がかなり蓄積すると日本にないものだけをターゲットとして求める動きが自然に出てきます。つづいて、日本にあったものでも、新しく訳出されたもの、たとえば六朝時代の旧訳を玄奘三蔵が重訳した本、唐代の仏典を宋代で新訳したもの、つまり複数ある書物のなかの最新・最善のものを求める意欲が現われてきます。それはすなわち旧本に対して真本の意味するところです。三番目は残巻に対して言う完本です。巻数がそろわないもの、あるいは日本で火災や虫食いなどで残欠となったものを中国に求めてそれらを日本で組み立てて完本にすることです。四番目は草本、急いで書いた間違いの多い草本に対して体裁の整った誠本・好本を求めることです。最後には円珍のように異本に対して中国にある他本を捜して校勘し、いわゆる信頼度の高い校合本を作り出すケースも考慮に入れるべきです。

以上をまとめて申しあげますと、中国から日本への書物の流通は日本人の創意で独特なシステムやスタイルを形成し、結果として真本・好本・完本といった良質のものが奈良時代に集められ蓄積され、それらがさらに敦煌文献と違う伝世品のかたちで伝わり、各時代の日本文化に影響を及ぼしつつあったわけです。

石上　それではロゥ先生にお願いいたします。

ロゥ　補足になるかどうかわかりませんが、どうやってこういうことを勉強してきたかを説明しますと私の結論がよりわかりやすくなると思います。私は学部時代も大学院時代も、今働くヴァンダービルト大学でも宗教学部です。仏教学で在家信仰に興味をもっていまして博士論文も写経について勉強してきました。二〇一七年にその研究が本として出ると思います。写経を勉強しようと思ったので願文とか説話の史料を使って在家信仰について勉強していたのですが、奈良時代の写経を勉強しようとすると正倉院文書を無視するわけにいかないので、来日して大谷大学では宮崎先生のもとで、そして大阪市大では栄原先生について正倉院文書の勉強をしてきました。正倉院文書を研究したことがある人はおわかりだと思いますが、ものすごく複雑で使いづらい史料です。復元とか残簡とか接続とか、ここに白紙があるとか、細かいことを考えないといけないことがわかってきて歴史学みたいな感じになってしまいました。日本にきてどういうことを研究しているかを説明すると「それは歴史だ」とよくいわれました。心の中では「宗教学だ」と思っていたのですが、古文書学的なことをやっていましたから歴史学に近かったのです。GBSに栄原先生が招待してくださって「東大寺について報告しなさい」と承ったのですが、実は今まで東大寺についてあまり考えたことはなかったのです。宗教学ですから写経と同じように歴史的な史料を用いて在家信仰からどういうところが見えるかという研究方法にすることを決めました。東大寺は有名なお寺で、いろいろな角度から研究されてきたと思いますが、どうしても政治的なところから見る傾向が強く、私はそうじゃなくて写経と同じように宗教学的なところから、特に在家信仰から見ていくとどうなるかなと思いました。東大寺諷誦文稿の史料の中に「寄進した破れた衣が錦の衣になって雨として降ってきて寒い人のための服になる」とか、そういうところが見えてきて面白い勉強になってよかったと思います。

石上　それでは佐藤先生からお願いします。

佐藤　補足点としては、今日、ご紹介した『東大寺要録』巻六封戸水田章を①〜③までご紹介しましたが、年代順に並んでいることでもあります。ただちょっと問題点もありまして、①文書は勅書銅板の裏銘でありますが、天平勝寶元年としか書いていない。月日が書いてないのが不思議なところでもあるのですが、③文書は天平勝寶元年閏四月廿日とあります。この年は天平産金のことがあり、一年の間に聖武天皇が天平感宝と元号を変えて、その後、娘の孝謙天皇に譲位して天平勝寶にまた改まった年です。閏四月廿日はまだ七月二日に譲位する前の聖武天皇時代ということになります。①②はその前においてあるのですが、①②は太上天皇として聖武天皇が出てきますので厳密にいうと①②は③よりも後ろになくちゃいけない。ただし③文書もちょっと怪しげなところがあるのが、文頭には天平勝宝二年二月二十二日をもってと翌年のことが最初に要録では書かれている問題点があるんですが、私が一番根拠として主張したい、しかも御筆勅書と名付けられることになる①文書を冒頭において同じく勅書銅板裏銘の②文書を前にもってきて配置しているということがあって年代順が、月日が書いてないことによって表に出てこないのですが、そのあたりが整理されることもありうるのではないかと今、想像しております。そのことを付け加えたいと思いました。

ご質問は京都大学の山岸常人さんから「『東大寺要録』に引用された文書や記録というのは編纂時点でどのように管理され、どのような手続で閲覧したのか。勅書銅板は東塔におさめられたのではないかというが、これは平重衡の焼き討ちで東塔が焼けてしまうわけですが、その後、それはどうなったのか」というご質問です。一応、『東大寺要録』は十二世紀初め頃ですが、私は幅をもたせて平安後期と申しましたが、十一世紀に遡ることは十分ありうるかと思います。その段階では裏銘も記入した上で下に降りているかなと思います。ただし裏銘を記入したのは、もしかすると塔の再建の際、もう一度上げようということで裏銘を記載した可能性はあるかなと考えておりますが、しかしそれにしてもまたすぐ平安後期の間に降りてきたのかなと思います。確実なのは『東大寺要録』で引用していることと、もう少し後、久安三年（一一四七年）に『印蔵文書目録』がありまして一一四七年には印蔵という東大寺の重要なものを納める蔵に「同勅施入文一枚」と書かれていて、これは奈良時代におそらく記載された、表面は塔の上に最勝王経を安置する。裏銘が五千戸の封戸と水田一万町という大きすぎる記載が書かれていて一一四七年には「勅施入封庄願文」と書かれていて裏銘の方を重視して記載してある。『東大寺要録』にも「勅書である」と聖武天皇が直筆で書かれたものという位置付けになっていることがあると思います。平安後期には下に降りているのかなと私は思っています。印蔵のようなあり方が、どこまで遡るのか、正倉院は勅蔵ですが、印蔵の場合もおそらく寺のしかるべき三綱とか運営にかかわるところに所属する人であれば手続を踏んでみることができるだろうと思っています。山岸さんの方が詳しいと思いますが。

石上　ご報告、ご講話の皆様から補足の説明をいただき、また会場からのご質問に対してご対応いただきました。ありがとうございます。相互の討論を進めたいと思います。いろいろな論点があるかと思います。それぞれのご報告は、テーマが別であっても、十一世紀末から十二世紀初め、東大寺がどうだったかということ、『東大寺要録』の編纂との関わりがあると思います。またロゥ先生の在家信仰との関わりからのご報告は、森本長老のご講話とも関係があると思います。どなたからでも結構ですので、他の先生方へのご質問、ご意見がございましたらお願いしたいと思います。

栄原　王勇先生のお話、とても面白くて唐を含めて東アジアの視点を入れて考えないといけないと思わせていただきまして、とても勉強になりました。その際、「闕」に留意されていて、その通りだと思いますが、正倉院文書を見ていますと写経を行う場合に必ずリストを使う。そのリストに基づいてそれを写したら写した印をつけていく。その時にお経の中の「この巻がない、欠」と記録されるのですね。どのお経については第何巻が「欠」であることがだんだん蓄積されていっていると思います。日本で写経をやったり、写経をするためにいろんなところからお経を借りてくる時に「こういうお経だが、第何巻が欠けている」と普通、記録される。日本に何があって何がないかという情報は、奈良時代のお経のやりとりとか写経の動きの中で次第に共有されてきます。そういうことを前提にして遣唐使を派遣する時に欠本リストをつくって「中国に行ってこの巻をもってきてほしい」となったのではないかと聴いていて思いました。もう一つ私も考えないといけないと思っていますが、欠本だけをもって帰ると、日本ではそのお経についてはワンセット揃うわけですが、それでは取り合わせになってしまう。たとえば一〇巻のうち二巻欠けていて、以前から八巻はあり、新しく二巻入ってきた場合に同じレベルのテキストとはいえない場合がある。取り合わせになってくると。そういうことをどういうふうに解決していたのか。奈良時代の段階では、とにかく揃えばいいというレベルだったのか。その巻はもって帰ってきたが、実際にやってみると、どうもチグハグだと。後からきた二巻だけがいい本で、あとはだめだということがあり、その逆もありうる。これがどうなっていくのか興味深くて、お考えがあれば教えていただければありがたいと思いました。

王　これこそ私が知りたいことです。それは謙遜ではなく。外国人の日本研究はどうしても限界があります。それは謙遜ではなく。細部にわたるとわからなくなることがよくあります。ところで、遣隋使や遣唐使らが持ち帰った書物は時代によっては、必ずしも最善なものとは限りません。一例をあげましょう。以前、奈良県は二年に一回、シルクロード関係の国際集会を開いていました。私はご縁あって国際集会の委員を務めました。任期中に開催された国際集会の時、正倉院に入唐僧道昭が持ち帰った『唯識論』の写本が展示されていました。その巻の裏側に何年何月慈恩大師筆受の書入れがあります。周知のように、仏典の翻訳は口誦・筆受・証義・潤文といった諸段階を経て、サンスクリット語から中国語に直し、最後に謄写（清書）したものを皇帝に献上して勅撰になるわけですが、正倉院展に出された『唯識論』の写本はその早期の段階にある「筆受」の草稿類で、後世の流布本と異なります。しかし、それはそれで希少価値があります。といいますのは、中国では皇帝が認めた段階で定本が決まり、それより前の諸段階の草本類は破棄されたと推定されます。つまり、道昭が持ち帰ったのはいわゆる「真本」ならぬ「草本」であり、中国で公認された流布本と異なりますから、その後、さらに「真本」や「誠本」そして「好本」を求め、あるいは円珍のように唐本をもって日本の伝本を校勘する必要が生じてきます。こういうものがあるから日本では必ずしも今から考えると最初から全本、一番いいものではなく、それを徐々に改善していく、円珍が四〇〇巻くらいの本を唐にもっていったのは日本的な古写本をつくりあげる最後の段階。異本と比べていいものを残すということだと思います。

石上　東大寺に残されたものは正倉院に残されたものと一体のわけで、これはまた一つの大きなテーマになるのではないかと思います。佐藤先生、栄原先生、吉川先生の報告に関係あることとして、『東大寺要録』の序文というのをどう理解するか、それが現在残されている『東大寺要録』との関わりで大変重要な課題です。そこで問題になるのが十一世紀後半から十二世紀初めの東大寺の再建、再興隆だと思います。十一世紀後半から十二世紀初めの東大寺の再興の過程で何が課題だったのかについて三人の方からお考えを伺いたいと思います。

佐藤　そんな難しい質問をされても困ってしまうのですが、一方で対極に天皇がある。十一世紀後半に東大寺が再建、変身、転生していく過程で転生の一つの大きな柱として論理づけられたのが聖武天皇本願、最初から本願なのですが、改めて本願する。聖なる天皇が勅占有をすることによって東大寺荘園は完全な位置を位置付けられていく。そのことが東大寺の十一世紀後半くらいの再出発に関連していくと考えられます。そういうこととこの論理はたぶん、セットで出てきているのではないかという思いがいたします。

石上　『東大寺要録』の成立は十二世紀初頭です。その前の十一世紀後半に記録荘園券契所が設置され、天永二年（一一一一年）九月に記録所が設置され、荘園の整理、権利の確認が行われました。その過程で、伊賀国黒田荘の相論に関わり東大寺が記録所に提出した文書の写、すなわち天永二年十一月二十一東大寺注進状案が作成されました。この文書は、平成二十六年に奈良国立博物館の所蔵となりました。当時、東大寺は荘園の確保のために様々な活動を行っていました。それが『東大寺要録』第七章とも関わってきますので、『東大寺要録』に関わる皆さまのご報告を興味深く拝聴しました。現存する天永二年東大寺注進状案は、東大寺から記録所に提出された注進状の写として、遠江倉印の捺された「遠江国条里坪付帳」を反故として、その裏面に記録所で書かれたもので、何らかの理由で記録所から東大寺に送られた文書と推測されます。この、二次文書が東大寺注進状案で一次文書が遠江倉印文書（遠江国条里坪付帳断簡）の文書は、長らく行方不明になっていました。たまたま、平成二十四年十一月の東京古典会の目録を見ていましたら、東大寺注進状案の写真が目にとまりました。静岡県史古代部会で指導して下さった原秀三郎先生と内覧会に現物を見に行き、これは本物だと確認したこと、楽しい経験でした。その時に、十一世紀後半から十二世紀初めの時期の東大寺文書の整理も『東大寺要録』編纂と関わる課題であるなと思っていました。そういうことで、質問させていただきました。

もう一つの論点として、ネットワーク論という社会学的な概念から、在家信仰、民衆の仏教信仰、東大寺創建における宗教思想を、『東大寺要録』から読み取ること、それについても一言ずつお願いできればと思います。

森本　日本古代史はにわか勉強の素人でございまして、お尋ねしたいことはたくさんあるのですが、自分で答えられることはないのです。ただ、お尋ねのことと関係なく気になっているのは、このたび改めて過去帳を見ていますと、共通するところが『東大寺要録』にある。先程の話では十一世紀後半からのうねりがあり、結実していく。しかし考えてみますと奈良時代末期から平安の末期まで東大寺としての本流の記録はどうだったのか、つまり実録のようなものが存在したのか否か、あるいは存在したが失われてしまったのか、前々から疑問に思っていました。典型的な例でいきますと、良弁の卒伝です。『続日本紀』ではたった一行、それも一行にみたないくらい短い。なぜそういうことになったのかについて幸いの機会ですので先生方のご意見を伺いたいと思います。いかがでしょうか。

石上　栄原先生、いかがですか。

栄原　とても、うまくお答えできませんが、本願章だけの分析をしましたが、『続日本紀』からの引用とか、いろんなものを取り去って最後に残ったのは、私が「東大寺を中心とする仏教年代記」と勝手に名前をつけたものです。ほとんどが『続日本紀』に載っていないのですが、しかし東大寺に関する記録が書かれている。その特色は年月日をすべて数字で書く、そのようなものが『東大寺要録』の編纂者の手元にあったと思うのです。それと『続日本紀』を照らしあわせながら適宜、それを採り入れながら『東大寺要録』の本願章がつくられたと昨日、お話しました。序文では、東大寺の成立の歴史を記録して後代に伝えるための公式記録が失われてしまった、あぁ悲しいかな、といっているわけですが、東大寺としての公式の記録が失われた後に、それを何とか補うような『東大寺要録』の前身にあたる東大寺の記録が、どこかの時点でつくられたのではないかと思うのです。そこは『続日本紀』に載っていない記事がほとんどです。『続日本紀』に載っている記事は、国家が把握している東大寺像ですから、それではなく、古い資財帳がなくなった後に東大寺として何らかの形で独自に保持されてきた記録を編纂する営為が、どこかの時点で行われていて、そういうものが『東大寺要録』に流れこんでいるという感じになるのではないかと思います。

もう一つはロゥ先生のお話で、国家仏教として古代の仏教を考えることは極めて不十分であって、さまざまな仏教がありえた。さまざまな仏教の総合的な関係を解いていかないといけないと教えていただきまして、その通りだなと思いました。それを聴きながら『東大寺要録』は、いわば東大寺としての、後世に対するある種のメッセージとしてつくられたと思っていますが、『東大寺要録』にはさまざまなレベルの仏教がきっとはっきり反映していると思うのですが、それをどういうふうにとりだしていったらいいのか、ということを考えさせられながら聴かせていただきました。

石上　十一世紀後半から十二世紀初めの国家体制の変化に対する東大寺の荘園領有についての対応は、国家仏教的な対応になるかとも思いますが、そういう中でも東大寺の社会的な広がりというのはその時代にもあったわけですね。民衆がどのように大仏を信仰するかということは平安の時代にも続いていたでしょう。ロゥ先生は、八世紀のことを中心にお話されましたが、十一世紀から十二世紀の民衆の仏教信仰につながるものとして東大寺がどう位置付けられるか、いかがでしょう。

ロゥ　本日は平安初期まで、東大寺諷誦文稿は九世紀までの史料ですから平安初期の官大寺への寄進とかも続いていたのではないかと思います。中世になると復興のための勧進活動とかが有名ですが、中世の勧進活動と建立時の寄進の間で何が行われていたか、まだよくわからないのでこれから検討してまいりたいと思います。

石上　『東大寺要録』の研究をもとにして古代の東大寺がどのようなものであったかをとらえ直してみようというテーマでした。最後に森本長老よりシンポジウムについてのご感想をいただければと思います。

森本　栄原先生が主催されました「東大寺要録研究会」にお寺からほぼ私一人が出させていただきました。その間、これだけたくさんの研究者が東大寺に関心をもっていただいている、本来なら、我々自身がもっと勉強しないといけないのではないかと思ったことです。研究の成果でもって、我々としては遥か時空を超えて現在の東大寺としていかにあるべきか、というところまでつながる話だと考えているわけですが、現実はあまりにも内容が複雑で、それを一つひとつ先生方が解きほぐしていただいているわけで、本当に先生方に対して感謝申し上げ、さらにはいずれ『東大寺要録』の校訂本並びに注釈書が出版されることを期待したい。それもできるだけ一般の読者も理解できる形が望ましい。この大変な作業を何とかしてお願いしたいというのが私の気持ちでございます。栄原先生に押しつけるようで申し訳ないのですが、東大寺としては願望の気持ちをもっているいることをお伝えしたいと思います。

石上　最後に栄原先生から『東大寺要録』の研究についてお願いします。

栄原　今回は、四年間にわたる科学研究費で行ってきました研究会の最後のまとめの会でございます。「東大寺要録研究会」と称していたのですが、全十六回にわたって、多くの全国の研究者のみなさまに東大寺にお越しいただいて次から次に最新の発表をしていただきました。本当に感謝しております。これは東大寺さまのご支援がなければとてもできなかったことです。今回もＧＢＳとして開催していただいたことで、おかげさまで立派なシンポジウムになることができました。東大寺さまに心より感謝したいと思っております。

四年間で何ができたのかと問われると、ほとんどできていない、基礎作業にやっと手がついたかなという感じをもっております。今、森本長老から『東大寺要録』の注釈書をというお話をいただきまして、もとよりそれを願っているのであります。「そういうのがあればいいな」と会う人ごとに言われております。これは学界の総力をあげて取り組まないといけない仕事だと思います。個人でできるようなものではありません。歴史学、考古学、美術史の彫刻、絵画、建築、建築史、仏教学、仏教史その他広い分野の協力が不可欠です。また、東大寺の仏像に対する理系の科学的な調査、研究がずいぶん行われて、その成果も「東大寺要録研究会」で発表されました。理系のいろんな分野の研究者のご協力をいただく必要もございます。さまざまな分野で第一線でやっておられる先生方はとてもお忙しいので、一堂に介して作業をしていただくことは事実上不可能だと思っています。これから申しますことは願望であって、どこまでできるかわからないので確約という話ではないのですが、夢として語りたいと思います。学会の最先端の研究者のみなさまのご協力をえるためには、大きな学会でも開いてガンガンやるのがいいのですが、費用、時間、みなさまのお忙しさからしてとても無理なので、インターネット上で注釈、校訂についてのやりとりを行えるようなシステムを考えておりまして、専門の方にソフトの開発もお願いしております。多数の研究者が書き込みをしながら注釈書をどんどん成長させていくという形で作業をできればと思っています。それをどういうふうに立ち上げていくかをこれから考えていきたいと思っておりますので、本日の先生方や全国の研究者の方にぜひご協力を賜って、足は運べないがネットの上で「こういう注釈はどうか」というう形でご協力を賜ることができればと思っています。王勇先生から「中国語学、中国史、中国の文献に詳しい方の参加が必要だ」というご指摘をいただきました。もっともなことでぜひ参加をお願いしていければと思っております。その作業を行うための大前提として、校訂作業が必要です。写本で残っていますので字の間違いとか読めない字とか多々あります。できるだけ原本、できあがった当時の『東大寺要録』にどういう字で書かれていたかを確定する作業が絶対必要です。それに基づかないと注釈しても意味がありません。この作業は遅々として進まないのですが、すこしずつやっております。これからもがんばっていきたいと思っております。校訂作業と並行する形でこれからもできる限り、この仕事はやっていけたらいいのではないかと夢を語らせていただきました。

石上　ありがとうございます。まだまだいろいろお話を伺いたいところですが、本日のシンポジウムの討論はこれで終わらせていただきたいと思います。どうもありがとうございました。

司会　先生方、長時間に渡りましてありがとうございました。非常に充実した時間をもちまして感謝しております。最後までお聞きのみなさま、ありがとうございました。「古代東大寺の世界―『東大寺要録』を読み直す」というテーマでしたが、本日はそれを再認識をさせていただいたと思います。今後のいろんな課題があるということをお聞きしましたが、今回第十四回ＧＢＳであるとともに「東大寺要録研究会」第十六回ということで一つの区切りということで催されたと思いますが、今後またどんどん続いていかなければならない。それには大きな学会あげての仕事になるということを聞きまして、東大寺の我々としても背筋を伸ばしてやっていかなければならないと思いました。「東大寺が衰微すれば天下も衰微するだろう」という言葉がメッセージとして残っているとお聞きしまして改めてこのお寺がもっている立場を、これからももっていかなければならないと思いました。先生方、ありがとうございました。もう一度先生方に拍手をもってお礼を申し上げたいと思います。来年、この場所でみなさんとお会いできることをお祈りしまして閉じさせていただきたいと思います。どうもありがとうございました。

The Early World of Tōdai-ji:

A Re-examination of *Tōdaiji yōroku*

Papers from the Great Buddha Symposium No.14

The Original Compositional Structure of *Tōdaiji yōroku*

Sakaehara Towao

Originally composed in 1106, *Tōdaiji yōroku* (Essential Records of Tōdai-ji) has undergone many additions and augmentations over the years, resulting today in a complex historic record with various stratified layers, not unlike an archaeological site. For this reason, when referencing *Tōdaiji yōroku* as a historic source, it is important to know from which "layer" (period) the information came. From an archaeological perspective of this material, records from different layers cannot be concurrently used without direct sources.

For example, the original contents of the Hongan ("Donor") chapter, which covers the years from Emperor Shōmu's (r. 724–749) vow (*hongan*) to erect Tōdai-ji through its completion by his successor Empress Kōken (r. 749–758), become clear by removing the additions made after the initial creation of *Tōdaiji yōroku*, since much of the information for this chapter came from annals such as *Shoku Nihongi* (Continued Chronicles of Japan), *Tennōke kiroku* (Records of the Imperial Family), and various historic records pertaining to Tōdai-ji. Through this process, we find that the original Hongan chapter recounts the patronage of Emperor Shōmu and his family towards Buddhism and the expansion of Tōdai-ji from Konshu-ji to Kenjaku-in. The chapter also depicts Tōdai-ji as a monastery propagating the precepts, centered on Vairocana and the Great Buddha Hall, with ties to the eminent priests of the Six Schools and Three Disciplines.

Exploring the Early Monks of Tōdai-ji

Kōsei Morimoto

The names of many historic figures, including Emperor Shōmu (701–756), appear in the death registries (*kakochō*) read during the Shuni-e ritual at Tōdai-ji. This offeratory reading gave those in attendance familiarity with the temple's long history. The reading manuscripts, however, did not undergo revisions after rigorous examinations and thus contain errors. I identified several issues by constructing a commentary on the death registries, which appear in *Tōdaiji yōroku* (Essential Records of Tōdai-ji) from its beginning up to Kūkai. First, the situation of the intellegentia who contributed to the construction of the Vairochana Buddha became clear by comparing the commentary to the Shōsō-in documents. Second, the many questions pertaining to the early lineage of the head priests (*bettō*), who appear in the chapter on the head priests in *Tōdaiji yōroku*, may perhaps be the result of the compliers of the death registries having used lists of names, which had errors and later additions, such as the names of the head priest Ryōkō, without having made the necessary corrections. Third, in addition to the omission of the Ritsu (Precept) sect, which was one of the six Nara sects, in the Heian period, Tōdai-ji became a monastery at which the eight schools of Buddhisms were studied but the Tendai sect was not touched upon.

In considering these issues, I further examine the early Tōdai-ji priests Enpuku, Heiei, and Ankan, whose names do not appear in the death registries. Moreover, an imperial edict, dated the twenty-seventh day of the twelfth month of 749 listing a total of 200 servants—100 men and 100 women—who were subsidized by the state, reveals that Tōdai-ji served as a type of collective. According to the detailed records found in the Shōsō-in documents, an overwhelming number of the 200 servants were children, and aside from the vacancies, there was a total of 185 servants. This reveals that Tōdai-ji provided social relief for displaced people whose families were dispersed by giving them jobs and looking after them.

Music and Dance of Early Tōdai-ji and Its Performers

Shinji Yoshikawa

Tōdaiji yōroku contains a wealth of information on the music and dance that were essential to the rituals at Tōdai-ji in ancient times. First, a comparison of the special rituals—the eye opening ceremony for the Great Buddha (752), the ceremony commemorating the restoration of the Great Buddha's head (861), and the dedication for the reconstruction of the Lecture Hall (935)—reveals that music and dance performances were observed on these occasions with the cooperation of the imperial court and the Nara temples and that gradually *wagaku* or Japanese music declined and was replaced by *bangaku* (the Chinese and Korean-influenced forms of *tōgaku* and *komagaku*). At the same time, in regards to the customary rituals throughout the year, it is significant that the system of music and dance developed by the end of the ninth century and the essential parts date back to the beginning of Tōdai-ji. Moreover, the ceremony celebrating the Buddha's birth and the Urabon festival were referred to as *gigaku-e*, and *gigaku* continued to be important from the seventh century on. Also, noteworthy was the support from the imperial court and various temples in observing the ceremonies in which the Flower Garland Sutra and Great Perfection of Wisdom Sutra were lectured upon. Lastly, a portion of the performers of these songs and dances in the eighth century were servants, while in the late tenth to mid-eleventh century, during the period of the regents, low-ranking guards became musicians and dancers among the upper echelons of lay officers of temples, revealing that a system for the performers was established by the Insei era.

Missing Manuscripts, Texts Copied in Cursive Script, Completed Volumes, and Texts with Few Errors from the Book Road: *Tōdaiji rokushū miketsugi* and Other Related Records as Historical Documents

Yong Wang

I coined the term "Book Road" to discuss the cultural exchange through Chinese writings that was established in eighth-century Japan. This exchange came in the form of adopting and assimilating Chinese culture throughout East Asia through the introduction, copying and transmission, preservation, reading, and understanding of books.

In 735, the Japanese Buddhist priest Genbō (d. 746) returned from China with over 5000 scrolls presumed to be the complete compendium of the Buddhist canon of the Kaiyuan era (J. *Kaigen issaikyō*). In the following year, these manuscripts were transcribed by the sutra-copying bureau of Queen Consort Kōmyō (701–760), and became instrumental in the compilation of Nara-period compendiums of the Buddhist canon. According to the sutra bureau record, *Hōsha issaikyōsho ge* (Explanation of the Bureau for Offering and Copying Sutra Compendiums), written in the first month of 761, the number of volumes in the Japanese *issaikyō* reached 5333 scrolls, exceeding the Chinese compendiums by 282 scrolls. Japanese scholars generally attribute the reason for this to the widespread compilation of Buddhist manuscripts that were not included in the Kaiyuan catalogue (Ch., *Kaiyuan shijiao lu*; Kaiyuan-era Record of Shakyamuni's Teachings), though this issue can also be approached from closely examining Japan's system of searching for books and the diligence of Buddhists in finding books.

Tōdaiji rokushū miketsugi (Unresolved Doctrines of Tōdai-ji's Six Schools, dated 776) informs of movements to quickly collect information on manuscripts that were missing at various temples and sects. The Bureau of Monastic Affairs verified and organized this information and entrusted the Japanese envoys to China with *Kasei hongyō mokuroku* (Catalogue of Requested Sutra Source Texts; dated 752) prior to their departure. *Hōsha issaikyōsho ge* (Petition from the Office of Reverent Transcription of the Canon), dated the third month of 761, indicates the results of the envoys in their finding and return with manuscripts listed in the Catalogue of Requested Sutras. The three above-mentioned records clarify the systematic structure for searching these sutras.

Moreover, a careful examination of *Tōdaiji rokushū miketsugi* reveals that the different Buddhist schools not only reported on the texts that they lacked but also on the missing volumes from incomplete sets and on manuscripts copied in cursive script (or in erroneous disheveled scripts). The Buddhist schools in Japan also requested the envoys to return from China

with complete sets of manuscripts, texts copied in block script, and texts with few errors. Such a nationally organized system to acquire written works and the diligence in this pursuit by Buddhist institutions likely contributed to the rapid proliferation of the Buddhist canon in the Nara period.

Tōdai-ji as a Network

Bryan D. Lowe

This paper focuses on donations to Tōdai-ji and other official temples in ancient Japan through the perspective of Buddhist networks. It argues that a networks approach provides a useful alternative to state-versus-popular dichotomies that have tended to dominate discussions of early Japanese Buddhism. After outlining methodological issues, the paper first looks at the edict ordering the construction of Tōdai-ji to demonstrate the collaborative nature of the project, which aimed to include donations from a wide range of people including those who could only contribute modest amounts. It then examines donation records preserved in *Tōdaiji yōroku* (Essential Records of Tōdai-ji) to assess the backgrounds of donors before turning to narrative accounts of donations to official temples in *Nihon ryōiki* (Records of the Numinous and Strange from Japan), which is treated both as a historical and rhetorical source. The paper closes with passages soliciting even small donations and promising rewards to those who do so in *Tōdaiji fujumon kō* (Draft of Tōdai-ji Homilies), an early ninth-century text that is thought to record materials used in rituals and sermons in the provinces. Overall, the paper shows how Tōdai-ji was at the center of a larger network of Buddhism that consisted of people from diverse social and geographical backgrounds in ancient Japan. Rather than understanding their participation in this network purely in terms of ideology, the paper highlights donors' religious and socioeconomic motivations as well. It also points out shared practices amongst both elites and those of lower social standing.

第14回 ザ・グレイトブッダ・シンポジウム

平成27年12月19日（土）

開会挨拶：狹川　普文（華厳宗管長・東大寺別当）

基調講演：栄原永遠男（東大寺史研究所）「『東大寺要録』は何を引用したか」

特別講話：森本　公誠（東大寺長老）「草創期の東大寺僧に思いをはせて」

12月20日（日）

《研究報告》

吉川　真司（京都大学）「古代東大寺の楽舞と楽人」

王　　　勇（中国・复旦大学・浙江工商大学東亜研究所）

「ブックロードにおける闕本・草本・真本・好本
―『東大寺六宗未決義』を史料として―」

ブライアン・ロゥ（アメリカ・ヴァンダービルト大学）「ネットワークとしての東大寺」

佐藤　　信（東京大学）「『東大寺要録』にみる本願聖武天皇とその文書」

全体討論会「古代東大寺の世界―『東大寺要録』を読み直す―」

石上　英一

栄原永遠男（東大寺史研究所）

森本　公誠（東大寺長老）

吉川　真司（京都大学）

王　　　勇（中国・复旦大学・浙江工商大学東亜研究院）

ブライアン・ロゥ（アメリカ・ヴァンダービルト大学）

佐藤　　信（東京大学）

ザ・グレイトブッダ・シンポジウム論集第十四号

論集　古代東大寺の世界

―『東大寺要録』を読み直す―

二〇一七年十一月二十五日　初版第一刷発行

編　集　GBS実行委員会

発　行　東大寺
〒六三〇―八五八七
奈良市雑司町四〇六―一
電　話　〇七四二―二二―五五一一
FAX　〇七四二―二二―〇八〇八

制作・発売　株式会社　法藏館
〒六〇〇―八一五三
京都市下京区正面通烏丸東入
電　話　〇七五―三四三―五六五六
FAX　〇七五―三七一―〇四五八

ISBN978-4-8318-0714-4 C3321

ザ・グレイトブッダ・シンポジウム論集

創刊号	東大寺の歴史と教学	品切
第二号	東大寺創建前後	品切
第三号	カミとほとけ―宗教文化とその歴史的基盤―	二、〇〇〇円
第四号	近世の奈良・東大寺	二、〇〇〇円
第五号	鎌倉期の東大寺復興	二、〇〇〇円
第六号	日本仏教史における東大寺戒壇院	二、〇〇〇円
第七号	東大寺法華堂の創建と教学	二、〇〇〇円
第八号	東大寺二月堂―修二会の伝統とその思想―	二、〇〇〇円
第九号	光明皇后―奈良時代の福祉と文化―	二、〇〇〇円
第十号	華厳文化の潮流	二、〇〇〇円
第十一号	平安時代の東大寺―密教興隆と末法到来のなかで―	二、〇〇〇円
第十二号	中世東大寺の華厳世界―戒律・禅・浄土―	二、〇〇〇円
第十三号	仏教文化遺産の継承―自然・文化・東大寺―	二、〇〇〇円

価格税別

法藏館